全国中等职业技术学校汽车类专业通用教材

Qiche Dipan Gouzao yu Weixiu
汽车底盘构造与维修

（第二版）

徐华东　主编
崔振民　主审

人民交通出版社股份有限公司
China Communications Press Co.,Ltd.

内 容 提 要

本书是全国中等职业技术学校汽车类专业通用教材之一，依据《中等职业学校专业教学标准（试行）》以及国家和交通行业相关职业标准编写而成。主要内容包括：传动系、行驶系、转向系、制动系、汽车底盘维护，共计5个单元。

本书供中等职业学校汽车类专业教学使用，亦可供汽车维修相关专业人员学习参考。

图书在版编目（CIP）数据

汽车底盘构造与维修/徐华东主编.—2版.—北京：
人民交通出版社股份有限公司,2016.7
ISBN 978-7-114-13016-8

Ⅰ.①汽… Ⅱ.①徐… Ⅲ.①汽车—底盘—结构—中等专业学校—教材 ②汽车—底盘—车辆修理—中等专业学校—教材 Ⅳ.①U472.41

中国版本图书馆 CIP 数据核字（2016）第 103499 号

全国中等职业技术学校汽车类专业通用教材

书　　　名：	汽车底盘构造与维修（第二版）
著　作　者：	徐华东
责任编辑：	闫东坡
出版发行：	人民交通出版社股份有限公司
地　　　址：	(100011) 北京市朝阳区安定门外外馆斜街3号
网　　　址：	http://www.ccpress.com.cn
销售电话：	(010)59757973
总　经　销：	人民交通出版社股份有限公司发行部
经　　　销：	各地新华书店
印　　　刷：	北京市密东印刷有限公司
开　　　本：	787×1092　1/16
印　　　张：	14
字　　　数：	325 千
版　　　次：	2004 年 9 月　第 1 版 2016 年 7 月　第 2 版
印　　　次：	2016 年 7 月　第 2 版　第 1 次印刷　累计第 13 次印刷
书　　　号：	ISBN 978-7-114-13016-8
定　　　价：	32.00 元

（有印刷、装订质量问题的图书由本公司负责调换）

第二版前言
FOREWORD

为适应社会经济发展和汽车运用与维修专业技能型紧缺人才培养的需要,交通职业教育教学指导委员会汽车(技工)专业指导委员会于2004年陆续组织编写了汽车维修、汽车电工、汽车检测等专业技工教材、高级技工教材及技师教材,受到广大中等职业学校师生的欢迎。

随着职业教育教学改革的不断深入,中等职业学校对课程结构、课程内容及教学模式提出了更高的要求。《教育部关于深化职业教育教学改革全面提高人才培养质量的若干意见》提出:"对接最新职业标准、行业标准和岗位规范,紧贴岗位实际工作过程,调整课程结构,更新课程内容,深化多种模式的课程改革"。为此,人民交通出版社股份有限公司根据教育部文件精神,在整合已出版的技工教材、高级技工教材及技师教材的基础上,依据教育部颁布的《中等职业学校汽车运用与维修专业教学标准(试行)》,组织中等职业学校汽车专业教师再版修订了全国中等职业技术学校汽车类专业通用教材。

此次再版修订的教材总结了全国技工学校、高级技工学校及技师学院多年来的汽车专业教学经验,将职业岗位所需要的知识、技能和职业素养融入汽车专业教学中,体现了中等职业教育的特色。教材特点如下:

1. "以服务发展为宗旨,以促进就业为导向",加强文化基础教育,强化技术技能培养,符合汽车专业实用人才培养的需求;

2. 教材修订符合中等职业学校学生的认知规律,注重知识的实际应用和对学生职业技能的训练,符合汽车类专业教学与培训的需要;

3. 教材内容与汽车维修中级工、高级工及技师职业技能鉴定考核相吻合,便于学生毕业后适应岗位技能要求;

4. 依据最新国家及行业标准,剔除第一版教材中陈旧过时的内容,教材修订量在20%以上,反映目前汽车的新知识、新技术、新工艺;

5. 教材内容简洁,通俗易懂,图文并茂,易于培养学生的学习兴趣,提高学习效果。

《汽车底盘构造与维修》是汽车运用与维修专业课之一,教材主要内容包括:传动系、行驶系、转向系、制动系、汽车底盘维护,共计5个单元。本书由山东交通职业学院徐华东主编,山东交通职业学院崔振民主审。

限于编者经历和水平,教材内容难以覆盖全国各地中等职业学校的实际情况,希望各学校在选用和推广本系列教材的同时,注重总结教学经验,及时提出修改意见和建议,以便再版修订时改正。

编　者

2016年3月

目 录
CONTENTS

单元一　传动系 ·· 1
　　课题1　离合器 ··· 4
　　课题2　手动变速器 ··· 18
　　课题3　自动变速器 ··· 44
　　课题4　万向传动装置 ·· 84
　　课题5　驱动桥 ·· 93
单元二　行驶系 ·· 108
　　课题1　车架与车桥、车轮与轮胎 ·· 108
　　课题2　悬架 ·· 121
　　课题3　电子控制悬架 ·· 131
　　课题4　汽车巡航控制系统 ·· 136
单元三　转向系 ·· 144
　　课题1　转向装置 ·· 144
　　课题2　转向传动机构 ·· 153
　　课题3　动力转向系统 ·· 158
单元四　制动系 ·· 168
　　课题1　车轮制动器 ·· 169
　　课题2　制动传动系统 ·· 176
　　课题3　制动辅助装置 ·· 181
　　课题4　驻车制动装置 ·· 186
　　课题5　汽车制动防抱死装置 ·· 189
　　课题6　牵引力控制系统(ASR或TRC)简介 ··· 206
单元五　汽车底盘维护 ·· 213
参考文献 ·· 215

单元一
传 动 系

 学习目标

完成本单元学习后,你应能:
1. 熟知汽车传动系的作用与组成;
2. 熟知离合器及其操纵机构的作用、组成、工作原理;
3. 独立完成离合器的拆装与调整作业及主要零件的检修;
4. 熟知手动变速器的作用、组成、工作原理;
5. 独立完成手动变速器的拆装作业及主要零件的检修;
6. 了解分动器的作用及工作原理;
7. 熟知自动变速器的组成,了解行星齿轮机构的变速原理;
8. 独立完成自动变速器主要零部件的检修;
9. 熟知自动变速器的拆装要求与调整方法;
10. 熟知万向传动装置的作用、类型及组成;
11. 独立完成万向传动装置的拆装作业及主要零件的检修;
12. 熟知主减速器、差速器、半轴的作用、组成及工作原理;
13. 熟悉驱动桥的拆装作业,了解其调整方法。

建议课时:**38 课时**。

一、传动系的作用和组成

汽车传动系的作用是将发动机的动力传给驱动轮,驱动汽车行驶。
汽车传动系主要有机械式、液力机械式两种形式。

1. 机械式传动系

图 1-0-1 所示为普通汽车传动系的组成和布置示意图。发动机纵向布置在汽车前部,后轮为驱动轮。传动系由离合器、变速器、万向传动装置、驱动桥壳(主减速器、差速器和半轴)等组成。发动机发出的动力依次经离合器、变速器、万向传动装置、主减速器、差速器和半轴,最后传给驱动轮。

2. 液力机械式传动系

液力机械式传动系的特点是组合运用液力传动和机械传动。以液力变矩器和自动变速器取代机械式传动系的离合器和普通齿轮手动变速器,其他组成部件及布置形式均与机械式传动系相同。

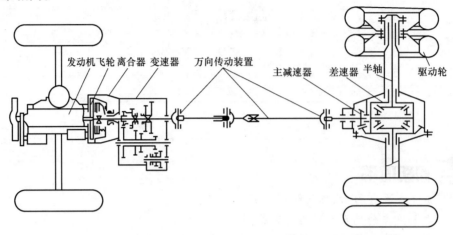

图 1-0-1 汽车传动系组成及布置形式示意图

液力机械变速器由液力传动装置和有级式机械变速器组成。液力传动装置有液力耦合器和液力变矩器两种。液力耦合器只能传递转矩,而不能改变转矩大小,可以代替离合器的部分功用。液力变矩器除具有液力耦合器的全部功用外,还能在一定范围内实现无级变速,因此,目前应用较为广泛,但是,液力变矩器传动比变化范围还不能满足使用要求,故一般在其后再串联一个有级式机械变速器。

二、传动系的布置形式

汽车传动系的布置形式随发动机安装位置和驱动形式而不同。

汽车的驱动形式通常用全部车轮数×驱动车轮数来表示。如图1-0-1所示的汽车,共有4个车轮,其中两个为驱动轮,则驱动形式为4×2。若4个车轮均为驱动轮,则表示为4×4。

1. 发动机前置后轮驱动的传动系

发动机前置后轮驱动的传动系示意图见图1-0-1。这是一种典型的传统布置形式,主要应用于大、中型载货汽车上。

2. 发动机前置前轮驱动的传动系

图1-0-2为发动机前置前轮驱动的传动系示意图。其发动机、离合器、变速器、主减速器、差速器装配成十分紧凑的整体,固定于汽车前部。传动系中省略了纵贯汽车前后的传动轴,降低了整车质心,高速行驶稳定性好,在轿车上得到广泛应用。

3. 发动机后置后轮驱动的传动系

图1-0-3所示的传动系布置方式多用于发动机后置,后轮驱动的大型客车上。发动机通常横向卧式布置于驱动桥之后,其传动轴大为缩短,车厢面积利用率高,质心低,行驶稳定;但操纵机构复杂,发动机散热条件差。

4. 发动机前置四轮驱动汽车的传动系

为了提高汽车在无路和不良路面的行驶能力,提高汽车的通过性,越野汽车采用四轮驱动,某些轿车也采用四轮驱动方式。图1-0-4为四轮驱动汽车传动系示意图。由于采用了四轮驱动,变速器之后增加了一个分动器,其作用是把变速器输出的动力经几套万向传动装置分别传给前、后驱动桥。

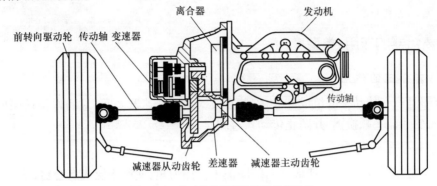

图1-0-2 发动机前置前轮驱动的传动系

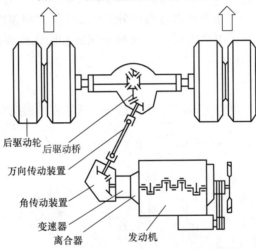

图1-0-3 发动机后置后轮驱动的传动系

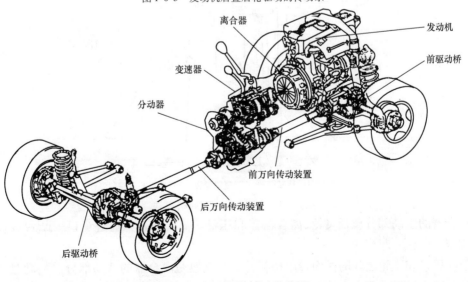

图1-0-4 四轮驱动汽车传动系

课题1 离合器

一、离合器的作用、类型

(一)离合器的作用

离合器是汽车传动系的组成部分,安装在发动机和变速器之间,它的作用是保证汽车能平稳起步,变速器平顺换挡,并防止传动系过载。

(二)离合器的类型

离合器是靠主、从动件接触面之间的摩擦来传递力矩,又称摩擦式离合器。

按照从动盘数目,摩擦式离合器又可分为单片离合器、双片离合器、多片离合器。

按压紧弹簧的形式不同,摩擦式离合器可分为螺旋弹簧式和膜片弹簧式两种。

按操纵方式不同,摩擦式离合器可分为机械操纵式和液压操纵式两种,在此基础上,一些汽车还采用了弹簧助力或气压助力装置。

(三)离合器的基本结构

如图1-1-1所示,离合器由主动部分、从动部分、压紧装置和操纵机构4大部分组成。

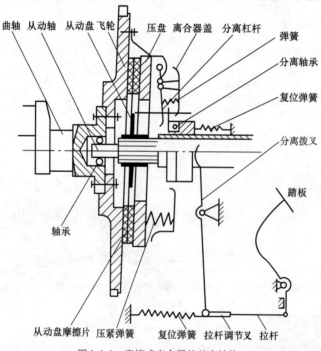

图1-1-1 摩擦式离合器的基本结构

离合器的主动部分包括飞轮、离合器盖和压盘。离合器盖并通过窗口—凸台或传动片等方式带动压盘一起旋转。

装在压盘和飞轮之间的两面带摩擦衬片的从动盘是离合器的从动部分。从动盘通过内花键孔与输出轴滑动配合。输出轴前端用轴承支承在曲轴后端中心孔中,后端支承在变速器壳体上。

离合器压紧装置是装于压盘与离合器盖之间的压紧弹簧,常用的压紧弹簧分螺旋弹簧和膜片弹簧两种。

离合器操纵机构由离合器踏板、拉杆及拉杆调节叉、分离拨叉、分离套筒和分离轴承、分离杠杆、复位弹簧等组成,用来控制离合器的接合与分离。

二、摩擦式离合器

(一)膜片式离合器

膜片式离合器广泛应用在轿车和轻、中型货车上。下面以桑塔纳2000GSi型轿车为例,介绍其拆装工艺、基本结构及工作原理。

1. 离合器拆卸

(1)拆下变速器(详见变速器课题)。

(2)用专用工具10-201将飞轮固定,如图1-1-2所示;在飞轮、压盘及盖上作好装配标记,然后逐渐将离合器盖的固定螺栓对角旋松,取下离合器盖总成,并取下离合器从动盘,如图1-1-3所示。

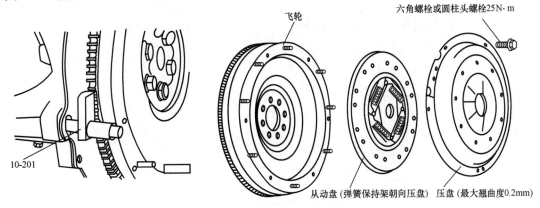

图1-1-2 离合器的拆卸 　　　　　　　　图1-1-3 离合器

(3)从变速器前壳体上拆下离合器分离轴承、轴承座、分离叉等零件。

2. 离合器结构及工作原理

桑塔纳2000GSi型轿车离合器结构如图1-1-3所示,其操纵机构采用液压操纵机构,如图1-1-4所示。

1)基本结构

离合器主要由飞轮、从动盘和离合器盖—压盘总成等组成。其中离合器盖—压盘总成包括离合器盖、压盘、膜片弹簧、支承环、定位铆钉、分离钩、传动钢片等机件。

(1)膜片弹簧。膜片弹簧用优质薄弹簧钢板制成,形状为碟形。其上开有若干条径向切槽,切槽内端开通,外端为圆形,形成若干根分离杠杆。膜片弹簧既起压紧弹簧作用,又起分离杠杆作用,如图1-1-5所示。

(2)支承环。两个支承环位于膜片弹簧前后面上,借铆钉夹持在离合器盖上,作为膜片弹簧变形时的支点,膜片弹簧的外缘就压在压盘的环形台上。

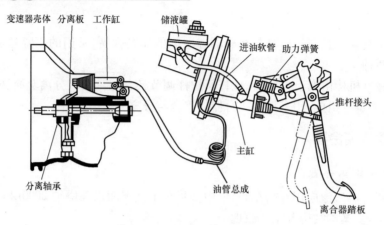

图 1-1-4　离合器液压操纵系统

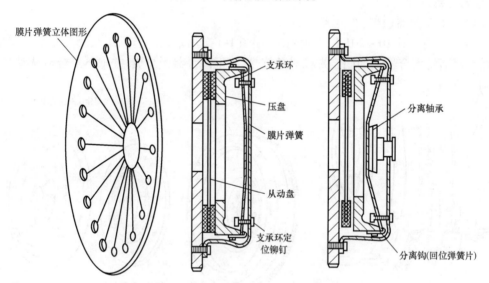

图 1-1-5　桑塔纳 2000GSi 型轿车膜片弹簧

(3)传动钢片与分离钩。沿压盘周边均布有 3 组传动钢片,每组 2 片,一端与离合器盖铆接,另一端连同分离钩一起固定于压盘上,用以传递转矩和分离。

(4)离合器盖—压盘。它用来固定离合器的其他零件,结构上将离合器盖、压盘和膜片弹簧三者连成一个整体。

(5)从动盘。摩擦衬片和扭转减振器与从动盘毂铆接在一起,从动盘毂通过花键与变速器输入轴配合。从动盘的两个摩擦面通过摩擦传递发动机转矩。扭转减振器增加离合器接合时的柔顺性,其结构如图 1-1-6 所示。

2)膜片弹簧式离合器工作过程

膜片弹簧离合器工作过程如图 1-1-7 所示。离合器盖—压盘总成扣合到发动机飞轮上用螺栓紧固之前,离合器盖与飞轮端面之间有距离 l,如图 1-1-7a)所示,此时膜片弹簧处于自由状态。当离合器盖上的安装螺栓被紧固后,如图 1-1-7b)所示,从动盘和压盘迫使膜片弹簧以右侧支承环为支点发生弹性变形,膜片弹簧的外缘将压盘和从动盘压紧,离合器接合。分离时,分离轴承推动膜片弹簧内端前移,膜片弹簧便以左侧支承环为支点进一步变形,其外缘便通过分离钩将压盘向后拉动,使离合器分离。

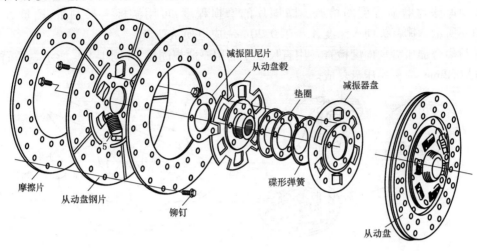

图1-1-6　从动盘总成

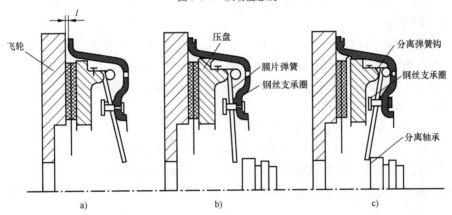

图1-1-7　膜片弹簧离合器工作原理示意图
a)膜片弹簧处于自由状态；b)离合器盖已固定到飞轮上；c)离合器分离状态

3)膜片式离合器特点

(1)开有径向切槽的膜片弹簧,既起压紧弹簧作用,又起分离杠杆作用。

(2)膜片弹簧不像螺旋弹簧,在高速时会因离心力作用而产生弯曲变形导致弹力下降,其高速稳定性好。

(3)膜片弹簧具有非线性的弹性特性,即使摩擦片磨损后,仍能保持压紧力不减,工作稳定性好,而且操纵轻便。

(4)对压盘压力均匀,离合器接合柔和。

3. 离合器的检修

1)直观检查

从动盘表面轻微油污,可擦洗干净；轻微烧蚀,可用砂布打磨后继续使用。油污严重、摩擦片老化龟裂、出现破损、减振弹簧折断,均应更换从动盘。膜片弹簧内端与分离轴承接触处出现深度大于0.50mm的明显磨损痕迹,压盘表面出现深度大于0.50mm的划痕,应更换离合器总成。

2）量具测量

（1）摩擦片磨损程度的检查。摩擦片的磨损程度，可用游标卡尺测量，测量方法如图1-1-8所示。铆钉头埋入深度 A 小于 0.20mm，应更换从动盘。

（2）离合器压盘平面度检查。用直尺放平后用厚薄规测量，如图1-1-9所示。平面度误差超过 0.2mm，应更换压盘总成。

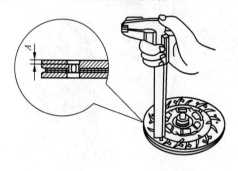

图1-1-8　摩擦片磨损程度的检查　　　图1-1-9　压盘平面度的检查

4. 离合器装配

离合器各零件经修复或更换后，按拆卸相反顺序进行装配，注意以下几点：

（1）离合器从动盘减振弹簧保持架朝向离合器盖—压盘总成；

（2）安装从动盘时，飞轮表面应用细砂布修磨，接触摩擦面不得有油污，从动盘花键槽内应涂少量润滑脂；

（3）用专用工具10-201将飞轮固定（图1-1-2）；

（4）用专用工具10-213将离合器从动盘定位于飞轮与压盘中心，如图1-1-10所示；

（5）装配离合器盖—压盘总成时，须对准与飞轮上的装配标记；

（6）装上离合器盖与飞轮的紧固螺栓，对角交叉依次拧紧，用25N·m力矩拧紧，抽出专用工具10-213。

（二）螺旋弹簧式单片离合器

EQ1092型汽车采用的是液压操纵式螺旋弹簧式单片离合器。

1. 螺旋弹簧式单片离合器拆卸

1）从发动机上拆下离合器

从发动机上拆下离合器的方法如图1-1-11所示。

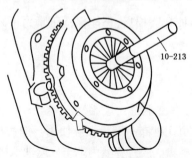 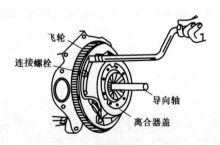

图1-1-10　离合器的安装　　　图1-1-11　从飞轮上拆下离合器总成

(1)拆下变速器与传动轴连接螺钉,松开传动轴中间支承轴承与车架连接螺栓,把传动轴放置一边。

(2)拆下离合器操纵机构与离合器的连接关系。

(3)拆下变速器与飞轮壳连接螺栓,抬下变速器总成。

(4)拆下飞轮壳底盖,在飞轮、离合器盖—压盘总成上做好标记。

(5)对角交叉顺序分次旋松离合器盖与飞轮连接螺钉,依次取下离合器盖—压盘总成、从动盘。

2)离合器盖—压盘总成拆卸

(1)做好离合器盖与压盘的相对位置标记。

(2)把离合器盖及压盘总成放在压力机上或用专用压具,压缩离合器弹簧,如图 1-1-12 所示。

(3)松开分离杠杆支承螺柱上的锁紧螺母和调整螺母。

(4)拆下传动钢片固定螺钉。

(5)缓慢卸去压力机上的压力。

(6)取下离合器盖与分离杠杆弹簧。

(7)从压盘上取下压紧弹簧、分离杠杆、摆动支承片、支承螺柱及浮动销。

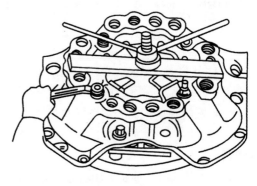

图 1-1-12　用专用夹具拆装离合器盖—压盘总成

2. 螺旋弹簧式单片离合器结构

EQ1092 车离合器主动部分包括飞轮、压盘、离合器盖,从动部分为带有扭转减振器的从动盘,结构与膜片弹簧式离合器基本相同,只是其压紧装置改为离合器盖—压盘之间均布的 16 个螺旋压紧弹簧,并通过分离杠杆实现离合器的分离。

分离杠杆中部以支承螺柱方孔中的浮动销为支点,外端通过摆动支承片抵靠在压盘钩状凸肩部作为传力点。当分离杠杆内端施加一个向前的水平推力时,分离杠杆绕支点摆动,其外端通过摆动支承片推动压盘克服弹簧力往后移,使从动盘与飞轮及压盘均脱离接触,离合器分离。

其中分离杠杆采用了浮动销支承、摆动支承片传动的结构,可有效地防止分离杠杆与压盘之间的运动干涉,其工作原理如图 1-1-13 所示。支承螺栓上的调整螺母,用于调整 4 个分离杠杆的内端高度。

3. 离合器的检修

1)从动盘、飞轮、压盘的检修

螺旋弹簧式离合器从动盘、压盘、飞轮的检修方法及要求与膜片弹簧式离合器相同。

2)压紧弹簧的检修

压紧弹簧可在弹力检验仪上进行进行检查,如图 1-1-14 所示。压紧弹簧自由长度不低于标准 3mm,同一组弹簧的高度差不大于 2mm,压力差不得大于 39.2N,压紧弹簧的倾斜度不超过 0.25mm,不符合要求的,则应更换。

3)分离杠杆的检修

分离杠杆内端着力面磨损超过 0.25mm 时,应更换或焊修。

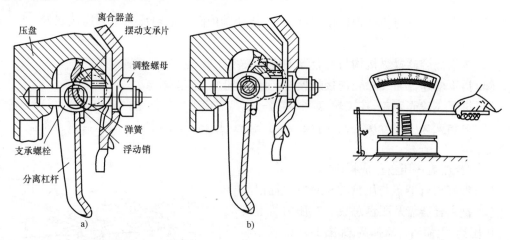

图1-1-13 分离杠杆防干涉机构
a)接合位置;b)分离位置

图1-1-14 测量弹簧弹力

4.螺旋弹簧式离合器装配与调整

(1)将8片分为4组的传动片一端铆在离合器盖相应位置上,并在盖上装上分离杆弹簧。

(2)用专用工具装配压盘总成。

①把压盘放在压具上。在压盘上依次放上摆动块、分离杠杆、支承螺栓,穿入浮动销;

②把16个离合器压盘弹簧放在压盘的弹簧座上;

③扣好离合器盖,使4个支承螺栓从相应孔中穿出,并拨正传动片,使传动片孔对准压盘上的螺孔;

④将离合器盖压紧在专用的装配压具平台上;

⑤将调整螺母拧在分离杠杆支承螺栓上;

⑥把传动片螺栓连同传动螺栓座一起固定在压盘的螺孔中,并冲铆螺栓座,最后慢慢松开压具。

(3)将修复的离合器从动盘总成和压盘总成安装在飞轮上。装配时,要使用导向套或变速器一轴定位,以保证从动盘总成的中心与飞轮中心同轴。调整4个分离杠杆,使其端面在同一平面内,高低之差不得超过0.2mm,且分离杠杆内端着力面到减振盘表面距离为35.4mm。

(4)依次装上分离叉轴、分离叉凸缘、半圆键、分离叉臂等。

(5)变速器一轴轴承盖上装上分离轴承、复位弹簧。

(6)安装变速器及飞轮壳底盖。

(7)装上离合器主缸、工作缸及液压油管。

(三)螺旋弹簧式双片离合器

双片离合器主要应用在中型或重型载货汽车上,以CA1091车为例介绍。

1.双片离合器拆卸

(1)拆下传动轴与变速器的连接。

(2)拆下变速器总成及离合器操纵机构。

(3) 离合器总成分解：

①拆下传动销上6个连接螺钉；

②取下离合器盖—压盘总成，并用专用夹具夹紧离合器盖—压盘，抽出销子，取下分离杠杆外端调整螺母，松开夹具，依次取下离合器盖，12个压紧弹簧，6个分离杠杆及调整螺母，3个限位螺钉。

(4) 取下中压盘、2个从动盘，如图1-1-15所示。

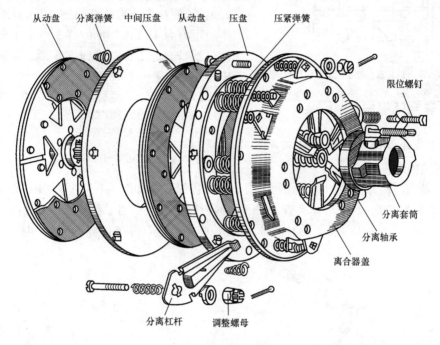

图1-1-15 双片离合器

2. 双片离合器结构

1) 压盘与传动销

6个沿周向均布的传动销压入飞轮并用螺母紧固。压盘和中间压盘以相应的孔滑套于传动销上，可沿销轴向移动。传动销对两个压盘起传力、导向和定位作用。离合器盖借螺钉固定于传动销的后端面上，两个短毂相对的从动盘分别安装于飞轮和两个压盘之间。

2) 中间压盘分离装置

为了保证双片式离合器彻底分离，在飞轮与中间压盘之间装有3根小分离弹簧和离合器盖上的3个限位螺钉。当离合器分离时，操纵机构使后压盘往后移动，中间压盘在3根分离弹簧和3个限位螺钉的共同作用下向后移动规定的距离，使两个从动盘均得到彻底分离。

双片离合器的检修参照前述内容。

3. 双片离合器装配与调整

装配按拆卸相反顺序进行，注意以下几点：

(1) 两从动盘短毂相对，衬片表面不得沾有油污；

(2) 中压盘对准飞轮标记，3个分离弹簧朝向飞轮；

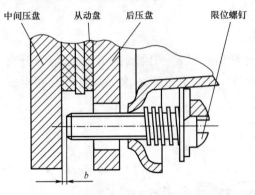

图 1-1-16 双片离合器中压盘限位螺钉调整

(3)将离合器盖—压盘对准飞轮,插入定位轴对从动盘定位,紧固连接螺钉前,3个限位螺钉须退回几圈;

(4)对角交叉顺序拧紧连接螺钉,抽出定位轴;

(5)调整6个分离杠杆外端调整螺母,并穿好销子,使6个分离杠杆高度一致,且距压盘工作面距离为41±0.25mm;将3个中压盘限位螺钉分别拧到底,反向退回5/6圈,测得间隙为1.25mm,如图1-1-16所示。

三、离合器操纵机构

(一)离合器操纵机构的结构及工作过程

1. 机械操纵机构

机械操纵机构分杆式和绳索式两大类。杆式操纵机构如图1-1-17所示,由分离轴承、分离轴(分离叉)、分离拉杆、分离叉臂、踏板轴、踏板等组成。多用于载货汽车离合器上。绳索式操纵机构如图1-1-18所示,由分离轴承、复位弹簧、拉索、分离拉杆、踏板等组成。

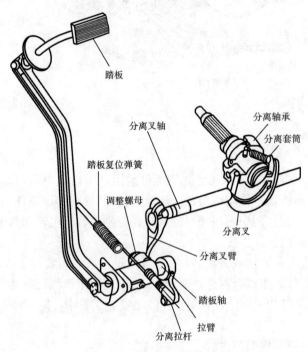

图 1-1-17 离合器杆式操纵机构

踏下踏板时,操纵力经踏板、踏板拉杆传给分离叉并使其摆动,于是,分离叉内端推动分离轴承前移,推动分离杠杆使压盘后移,离合器分离。抬起离合踏板,在复位弹簧作用下,离合器接合。

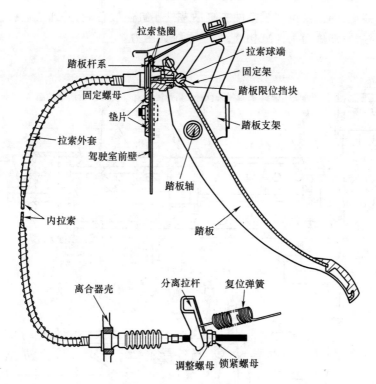

图 1-1-18 绳索式操纵机构

2. 液压操纵机构

液压操纵机构一般是由离合器踏板、离合器主缸（又称总泵）、工作缸（又称分泵）、分离叉、分离轴承和管路系统组成，如图 1-1-19 所示。

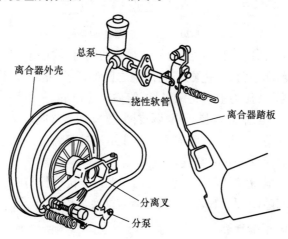

图 1-1-19 液压式离合器操纵机构

（1）主缸的构造和工作情况。主缸的构造如图 1-1-20 所示。主缸上部是储油罐，并由孔与主缸相通，阀杆后端穿在活塞的中心孔中，无配合关系。后弹簧座紧套在活塞的前端，可单向拉动阀杆，在阀杆的前端装有阀门，阀门后端装有锥形复位弹簧。前弹簧座具有轴向和径向的槽，复位弹簧安装在前后弹簧座之间。

不踩离合器踏板时,复位弹簧端使主缸活塞处于缸体最右端,并通过后弹簧座拉动阀杆及杆端阀门右移,储油罐与工作缸相通,整个系统无压力。

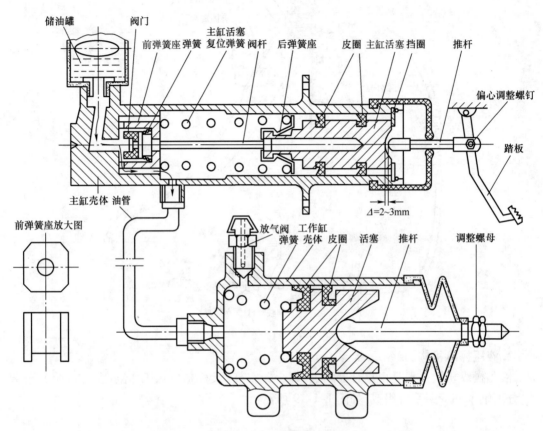

图 1-1-20　液压式操纵机构结构图

踩下离合器踏板时,活塞左移,在压缩复位弹簧的同时,放松了阀杆,锥形复位弹簧使杆端阀门压紧在主缸的前端,密封了主缸与储油罐之间的通孔,继续踩下离合器踏板,则缸内油在活塞及皮圈的作用下,压力上升,并通过管路输向工作缸。

（2）工作缸的构造。工作缸内装活塞、两皮圈、推杆和放气阀。两皮圈的刃口方向相反,左侧皮圈用来密封油液防止泄漏;右侧皮圈是防止迅速抬起离合器踏板时,工作缸内吸入空气。放气阀的作用是放净系统内的空气。

主缸推杆的长度一般做成可调的,或采用偏心螺钉连接推杆与踏板,以便通过调整使推杆与活塞保持一定的间隙(不踩踏板时),保证活塞彻底复位。

（二）离合器踏板自由行程

不论是机械式或液压式操纵机构,在正常情况下,未踩离合器踏板时,分离轴承与膜片弹簧或分离杠杆内端面之间留有一个比较小的间隙(2~4mm)。当踩下离合器踏板,消除这一间隙所需要的踏板行程,称为离合器踏板自由行程。自由行程过大,离合器分离不彻底,则换挡困难。自由行程过小,离合器容易打滑,则不能可靠传递发动机转矩。各车型使用说明书均有自由行程的规定值,如桑塔纳为 15~25mm、CA1092 型为 30~40mm。对机械式操纵机构,一般通过调整分离拉杆长度或钢索有效长度来调整自由行程。对液压操纵机构,可通过调整主缸推杆及工作缸推杆的有效长度来调整自由行程。

(三)离合器操纵机构拆装与检修

1. 机械式操纵机构

如图 1-1-21 所示为 EQ1092 所用机械式离合器操纵机构分解图。下面以该机构为例介绍其拆卸、装配与调整步骤。

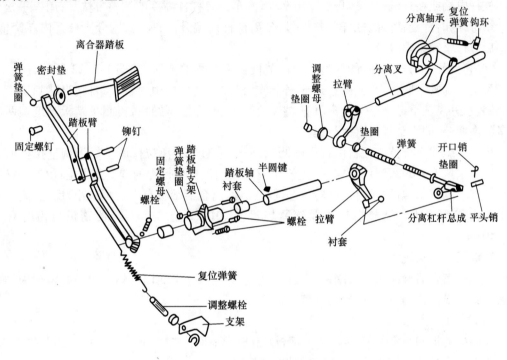

图 1-1-21 机械式离合器操纵机构分解图

(1)拆卸。

①拆下离合器踏板杆固定螺栓,取下踏板及踏板杆。

②松开离合器踏板复位弹簧调整螺栓,拆下复位弹簧。

③拆下球形螺母及锁紧螺母,拔下连接踏板轴拉臂与分离拉杆的开口销、平垫圈,拔下平头销,拆下离合器分离拉杆及弹簧。

④松开离合器踏板臂的紧固螺栓,取下踏板臂及半圆键。

⑤松开离合器踏板轴拉臂的紧固件,拆下离合器踏板轴拉臂,拆下踏板轴。

⑥拆下固定离合器踏板轴支架总成的3个固定螺栓,将支架总成从车架上拆下。

⑦拆下离合器分离叉拉臂的紧固螺栓,取下拉臂及半圆键。

⑧拆下离合器外壳上的凸缘固定螺栓,拆下凸缘并取下分离叉。

⑨在拆下变速器后,摘下分离轴承复位弹簧,从变速器第一轴上取下分离轴承及轴承座。

(2)检修。

①离合器操纵机构的各传力杆件和弹簧变形、失效,均应换用新件。

②踏板轴和分离叉与衬套因磨损配合间隙过大,应换用新衬套。

（3）装配。按与拆卸相反的顺序进行装配。装配前，粉末冶金套及拉臂衬套的内孔要涂润滑脂，全部装复后要调整离合器踏板自由行程。

（4）调整。

①离合器分离杠杆高度的调整。分离杠杆内端高低不一，离合器接合时将发生抖动现象，汽车不能平稳起步。因此，装配时须查看各分离杠杆内端高度，要求各分离杠杆内端高度合适且位于同一平面，误差应符合原厂规定。如果不符合要求，就进行调整。方法是调整分离杠杆内端或在外端调整螺母。EQ1092 型汽车分离杠杆高度的调整方法是：用扳手松开锁紧螺母，顺时针旋转分离杠杆调整螺母，分离杠杆内端升高；反之，则分离杠杆内端降低。调整后应拧紧锁紧螺母。

②离合器踏板自由行程的调整。检查踏板自由行程的方法，如图 1-1-22 所示，用一个钢直尺抵在驾驶室底板上，先测量踏板完全放松时的高度，再用手轻按踏板，当感到压力增大时，表示分离轴承端面已与分离杠杆内端接触，即停止按压踏板，再测量踏板高度。两次测量的高度差，即为踏板的自由行程。

机械操纵式离合器踏板自由行程的调整，一般是通过分离拉杆调整螺母调整拉杆或钢索长度。东风 EQ1092、解放 CA1092 型汽车离合器踏板自由行程的调整方法是：用扳手松开分离拉杆上的锁紧螺母，顺时针旋转球形调整螺母，离合器踏板自由行程减小；反之，离合器踏板自由行程增大。调整后应拧紧锁紧螺母。EQ1092 型汽车离合器踏板自由行程为 30～40mm。

2. 液压式操纵机构

液压式离合器操纵机构由踏板、主缸、工作缸等组成。下面以广州本田雅阁轿车为例介绍液压式操纵机构的拆装、检修与调整。

（1）拆卸。

①踏板的拆卸（图 1-1-23）。拆下踏板复位弹簧；拆下弹性夹子，卸下推杆销及挡圈；拆下踏板轴的弹性夹子和挡圈；拆下踏板轴和踏板。

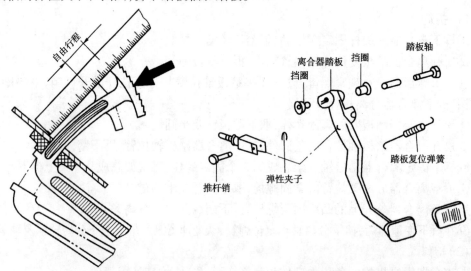

图 1-1-22　用钢直尺检查踏板的自由行程　　　图 1-1-23　离合器踏板解体图

②离合器主缸的拆卸(图1-1-24)。拆下弹簧夹及推杆销;拧开油管接头螺母,拆下油管;拆下螺母,从车上取下离合器总泵总成;从总泵的储液罐内放出液压油,拆下固定螺母和平垫圈,然后取下储液罐;拆下推杆总成;拆下弹性挡圈及挡圈;抽出活塞、皮圈、皮碗及弹簧组件。

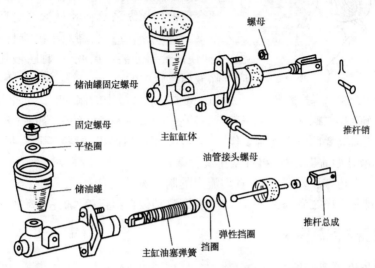

图1-1-24 离合器主缸解体图

③离合器工作缸的拆卸(图1-1-25)。拆下油管;拆下分泵固定螺栓;拆下推杆及防尘套;拆下卡环;抽出工作缸活塞、皮碗及弹簧。

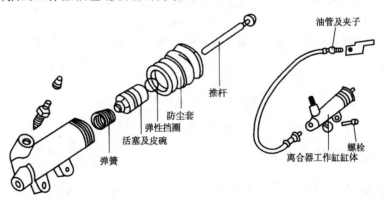

图1-1-25 离合器工作缸解体图

(2)检修。

离合器主缸、工作缸皮碗老化或复位弹簧失效时,应换用新件。

(3)装配。

离合器主缸、工作缸装配前须用酒精擦洗,并在活塞、皮碗、缸体等零件表面涂一层制动液,然后按拆卸相反的顺序进行装配。装配是需要注意:所有的皮碗、皮圈要按正确的方向安装,且不得打褶,装配后推杆应运动灵活。

3.分离轴承的检查

如图1-1-26所示,分离轴承的检查时应固定内缘转动外缘,同时在轴向和经向施加压

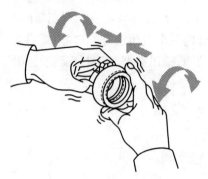

图1-1-26 分离轴承的检查

力,如发现有卡滞或明显间隙,则应更换分离轴承。该轴承是预润滑轴承,不需要加注润滑油,出现异响时必须更换。

4. 液压操纵系统排气

离合器液压操纵系统在经过检修之后,管路内可能进入空气。空气进入后,会缩短主缸推杆的有效工作行程,从而使离合器分离不彻底。因此,液压系统检修后,应排除液压系统中的空气。排除方法如下:

(1)将主缸储液罐中的制动液添加至规定高度;
(2)在工作缸排气螺塞上安装一软管,接到一个盛有制动液的容器内;
(3)排空气时需要两个人配合工作,一人踩下离合器踏板并踩住不动,另一人拧松排气螺塞直至制动液开始流出,然后再拧紧排气螺塞;
(4)连续按上述方法操作几次,直到流出的制动液无气泡为止;
(5)空气排除干净之后,需要再次检查及调整踏板自由行程,加注制动液至规定高度。

四、离合器装配总要求

离合器总成安装注意事项
(1)离合器盖与压盘、盖与飞轮之间,均应按原来记号安装,盖与飞轮连接螺栓拧紧力矩应符合要求。在离合器盖固定螺钉处有平衡片的,应装回原位,以保证离合器的平衡。
(2)单片离合器从动盘装车时,应注意从动盘毂短的一面朝向飞轮;双片离合器两从动盘毂短的一面相对装入。
(3)选用变速器第一轴作为定位轴,插入从动盘毂与飞轮中心孔内,待离合器装好后,再抽出定位轴。

课题2 手动变速器

一、变速器的作用

汽车发动机的转速和转矩变化范围较小,而复杂的使用条件则要求汽车的牵引力和车速能在较大的范围内变化。为解决这一矛盾,在传动系中设置了变速器,其作用如下。
(1)变速变矩。变速器设置几个不同传动比的前进挡位来实现变速变矩。
(2)变向。变速器设置倒挡使汽车能倒退行驶,以满足掉头、出入货场和车库等需要。
(3)中断动力传递。变速器有空挡,以满足汽车发动机起动、停车、制动、滑行等情况需要。

二、手动变速器基本结构与变速原理

(一)齿轮传动机构变速原理

如图1-2-1所示,一对直径不同、齿数不等的齿轮啮合传动时,可以实现变速变矩。假设小齿轮 A 为主动齿轮,齿数 $Z_a=10$,半径为 r;大齿轮 B 为从动齿轮,齿数 $Z_b=20$,半径为 R

($R = 2r$)。显然,在相同时间内,小齿轮转过两圈,大齿轮才转过一圈,其转速下降一半,转矩则增大一倍,两齿轮的转向相反。这就是齿轮传动的变速变矩变向原理。汽车变速器正是根据这一原理,利用若干对直径不同、齿数不等的齿轮啮合传动来实现变速变矩的。

若发动机转速、转矩不变,挡位越高,传动比越小,则车速越高,驱动轮转矩越小。

(二)手动变速器基本结构

手动变速器由齿轮传动机构和操纵机构组成。齿轮传动机构主要是通过不同齿数的齿轮啮合,改变传动比,形成不同的挡位。操纵机构主要用于换挡操作。

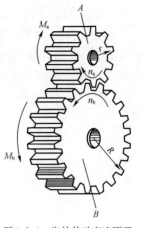

图 1-2-1 齿轮传动变速原理

1. 齿轮传动机构

齿轮传动机构安装在变速器壳体内,有二轴式和三轴式,由输入轴、输出轴、倒挡轴(三轴式还有中间轴)及各轴上的齿轮、轴承及同步器等组成。通过移动同步器中接合套或滑动齿套,使不同的齿轮进入或退出啮合,从而实现挡位变换。通常讲变速器的挡数是指前进挡的个数。

2. 操纵机构

操纵机构一般安装在变速器盖上,由变速杆、换挡轴、拨叉轴、拨叉等组成。扳动变速杆,拨叉便可带动接合套或滑动齿套前后移动,实现换挡。为了保证变速器正常工作,操纵机构中设置了自锁、互锁及倒挡锁等锁止装置。自锁装置主要防止跳挡;互锁装置防止同时挂上两挡;倒挡锁用于防止误挂倒挡。

三、二轴式变速器

二轴式变速器广泛应用于发动机前置前轮驱动的轿车上,前置发动机有纵向布置和横向布置两种类型,与其配用的二轴式变速器略有差别,现以桑塔纳2000GSi 二轴式五挡手动变速器为例,对二轴式手动变速器进行介绍。

(一)齿轮传动机构

1. 齿轮传动机构拆卸

1)输入轴、输出轴的拆卸

(1)从车上拆下变速器,包括主减速器、差速器,放出变速器齿轮油。

(2)拆下变速器后盖(即换挡机构壳体)。

(3)拆下轴承支座。

(4)拆下输出轴、输入轴,如图 1-2-2 所示。

2)输入轴的分解

图 1-2-3 为输入轴的分解图。输入轴的分解步骤如下:

(1)拆下4挡齿轮的卡环,取下4挡齿轮、锁环和滚

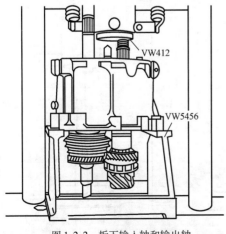

图 1-2-2 拆下输入轴和输出轴

针轴承,拆下同步器卡环,如图1-2-4所示;

(2)取下3挡和4挡同步器、3挡锁环和齿轮,取下3挡齿轮滚针轴承,如图1-2-5所示;

(3)取下输入轴的中间轴承内圈,如图1-2-6所示。

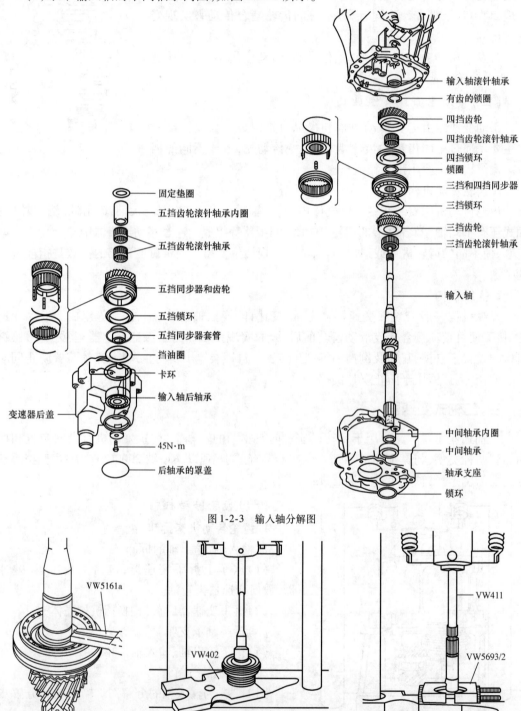

图1-2-3 输入轴分解图

图1-2-4 拆下同步器卡环　　图1-2-5 取下3、4挡同步器及3挡齿轮　　图1-2-6 取下输入轴中间轴承内圈

3）输出轴的分解

图 1-2-7 为输出轴的分解图。输出轴的分解步骤如下。

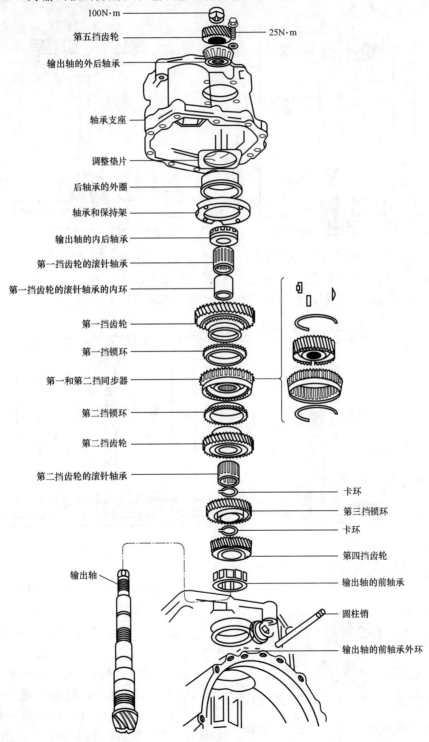

图 1-2-7　输出轴分解图

（1）如图1-2-8所示，拆下输出轴内后轴承和1挡齿轮，取下滚针轴承和1挡锁环；

（2）取下滚针轴承的内圈、同步器和2挡齿轮，取下2挡齿轮滚针轴承如图1-2-9所示；

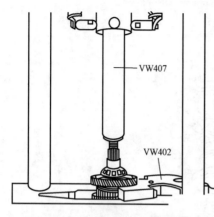

图1-2-8　拆下内后轴承和1挡齿轮　　　图1-2-9　拆下2挡齿轮

（3）拆下3挡齿轮的卡环，接着拆下3挡齿轮，如图1-2-10所示；

（4）拆下4挡齿轮的卡环，接着拆下4挡齿轮，如图1-2-11所示；

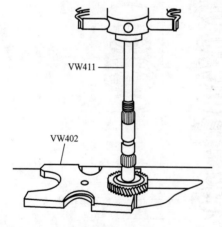
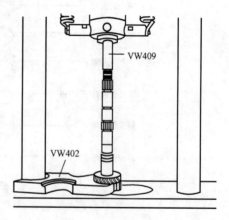

图1-2-10　拆下3挡齿轮　　　图1-2-11　拆下4挡齿轮

（5）拆下输出轴的前轴承。

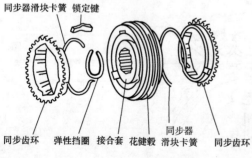

图1-2-12　惯性锁环式同步器

2. 齿轮传动机构的结构与原理

1）基本结构

齿轮传动机构安装在齿轮箱体上，由输入轴总成、输出轴总成和倒挡轴总成组成。输入轴上装有可空转的3、4、5挡齿轮和不可空转的1、2、R挡齿轮以及3/4/5挡同步器；输出轴上装有可空转的1、2挡齿轮和不可空转的3、4、5、R挡齿轮以及1/2挡同步器（如图1-2-12所示）。倒挡中间齿轮通过滚针轴承套装在倒挡轴上。

2)动力传递路线

桑塔纳2000GSi型轿车五挡变速器的动力传递如图1-2-13所示,详细路线见表1-2-1。

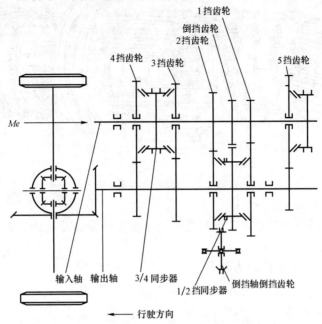

图1-2-13 桑塔纳2000GSi型5挡变速器传动路线简图

桑塔纳2000GSi型5挡变速器动力传递路线 表1-2-1

挡 位	动 力 传 递 路 线
1	输入轴→输入轴1挡齿轮→输出轴1挡齿轮→输出轴1/2挡同步器→输出轴
2	输入轴→输入轴2挡齿轮→输出轴2挡齿轮→输出轴1/2挡同步器→输出轴
3	输入轴→输入轴3/4挡同步器→输入轴3挡齿轮→输出轴3挡齿轮→输出轴
4	输入轴→输入轴3/4挡同步器→输入轴4挡齿轮→输出轴
5	输入轴→输入轴5挡同步器→输入轴5挡齿轮→输出轴
R	输入轴→输入轴倒挡齿轮→倒挡轴倒挡齿轮→输出轴倒挡齿轮→输出轴

3. 同步器

1)同步器作用及分类

同步器的作用是使接合套与待啮合的齿圈迅速同步,缩短换挡时间,减少换挡冲击。目前汽车上常用的同步器为锁环式惯性同步器和锁销式惯性同步器。

2)锁环式惯性同步器

锁环式惯性同步器的结构如图1-2-14所示,由同步器齿毂、接合套、滑块、弹簧、锁环等零件组成。

其中,齿毂以内花键与变速器轴连接。接合套套合于齿毂的外花键上,挂挡时可沿花键移动。3个滑块位于齿毂上相应的3条槽中,平时在滑块弹簧作用下,滑块中央的凸出部位嵌入接合套相应的槽内。锁环位于齿毂与变速齿轮之间,其内锥面上有螺纹槽以提高同步摩擦效果。滑块两端位于前后锁环的缺口内。

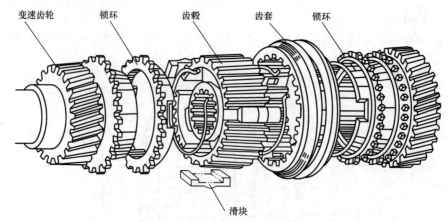

图 1-2-14 锁环式惯性同步器

锁环式惯性同步器工作特点：

(1) 换挡时，靠锁环与换挡齿轮锥面之间的摩擦使同步器花键毂与锁环、换挡齿轮迅速达到同步；

(2) 作用在变速杆上的操纵力越大，达到同步所用的时间越短；

(3) 在达到同步前，无论用多大的力量，都无法挂上挡位。

3) 锁销式惯性同步器

中、重型载货汽车变速器常采用锁销式惯性同步器。如图 1-2-15 所示为东风 EQ1092 型汽车变速器第 4、5 挡采用的锁环式惯性同步器，由同步器齿毂、接合套、两个摩擦锥盘、两个摩擦锥环、3 个定位销及钢球、3 个锁销等零件组成。换挡时，在锥环和锥盘两锥面摩擦作用下，使准备啮合的两齿轮迅速达到同步，实现换挡。

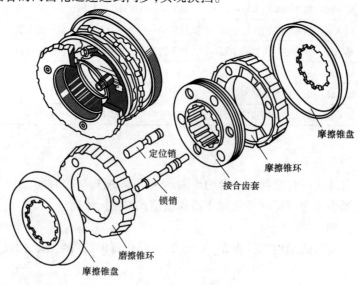

图 1-2-15 锁销式惯性同步器

4. 齿轮传动机构检修

1) 变速器壳体的检修

(1) 变速器壳体出现裂纹、各接合平面发生明显的翘曲变形或各轴承座孔磨损严重与轴承配合松旷时,应换用新件。

(2)各结合面密封衬垫,拆卸后,必须换用新件。输入轴前端油封、内选挡杆后油封及两半轴油封出现漏油时,应予以更换。

2)齿轮的检修

齿轮应无裂纹,齿面疲劳剥落及腐蚀斑点面积应不超过单齿面积的15%,齿厚磨损量应不大于0.20mm,否则,应更换相应的齿轮,注意齿轮要成对更换。

3)轴承的检修

轴承滚道及滚动体表面出现疲劳剥落及烧蚀现象、输入轴后轴承的轴向及径向间隙过大、各轴承运转卡滞或发响等,均应予更换。各滚针轴承出现疲劳剥落及断裂,应更换滚针轴承。

4)同步器的检修

桑塔纳2000GSi轿车装用的5挡变速器采用的同步器均为惯性锁环式。其主要损伤是锁环内锥面、键齿锁止锥角及其与滑块配合的3个缺口的磨损。

锁环内锥面螺纹槽深度应不小于0.10mm,将锁环压靠到相应换挡齿轮的锥面上时,用手转动锁环应稍有阻力感;用厚薄规沿周长多点测量,锁环与齿轮端面之间的间隙A应不小于0.50mm,如图1-2-16所示;锁环锁止锥角及与滑块配合的三个缺口无明显磨损,否则,应换用同步器锁环。

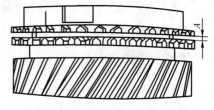

图1-2-16 检查锁环配合间隙

5.输入轴及输出轴的安装

1)输入轴的装配

(1)装上中间轴承的内圈,如图1-2-17所示。

(2)将预先润滑过的3挡齿轮滚针轴承装上,把油槽朝向2挡齿轮。

(3)组装3挡和4挡同步器,如图1-2-18所示。

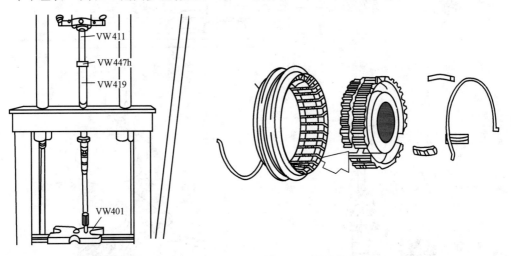

图1-2-17 安装中间轴承内圈　　　图1-2-18 装配3、4挡同步器

(4)安装3挡齿轮及3挡和4挡同步器,如图1-2-19所示。

(5)装上卡环,如图1-2-20所示。

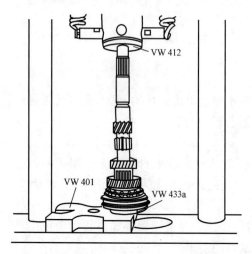

（6）装上锁环、滚针轴承和4挡齿轮，再装上卡环。

（7）用2kN的力将3挡齿轮、同步器和4挡齿轮压在卡环上，将总成固定好，见图1-2-20。

2）输出轴的装配

（1）将前轴承安装到输出轴上。

（2）装上4挡齿轮（用手扶住前轴承，齿轮有凸缘的一边应朝向轴承），如图1-2-21所示。

（3）选择合适的卡环（卡环的厚度有2.35mm、2.38mm、2.41mm、2.44mm、2.47mm等几种），使4挡齿的轴向间隙最小，将4挡齿轮固定好。

（4）安装3挡齿轮（图1-2-22），凸缘应朝向4挡齿轮。

图1-2-19　安装3挡齿轮和3、4挡同步器

（5）利用厚薄规测量卡环槽的宽度（图1-2-23），根据所测得的尺寸，选择适当的卡环装上，卡环的厚度见表1-2-2。

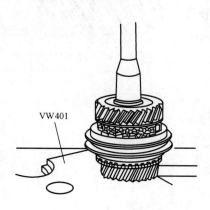

图1-2-20　安装3挡齿轮、同步器和4挡齿轮

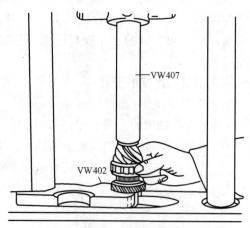

图1-2-21　安装4挡齿轮

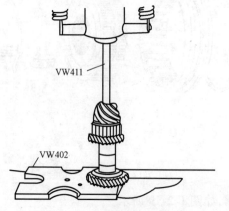

图1-2-22　安装3挡齿轮

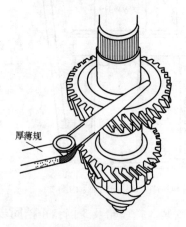

图1-2-23　测量卡环的厚度

卡环的厚度(mm)　　　　　　　表1-2-2

测得尺寸	卡环厚度	测得尺寸	卡环厚度
小于1.6	1.5	1.6或大于1.6	1.6

（6）安装滚针轴承、齿轮和2档锁环。

（7）组装1挡和2挡同步器，如图1-2-24所示（注意：花键毂的细槽应朝向接合套拨叉槽的对面一侧，如图1-2-25所示）。

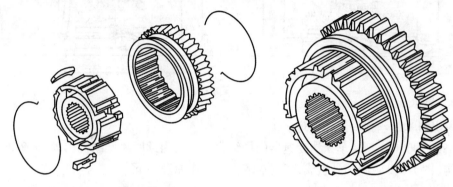

图1-2-24　组装1挡和2挡同步器　　　　图1-2-25　装配花键毂和接合套

安装滑块、锁环，然后安装滑块卡簧，弯的一端应嵌入某一滑块中的槽内，如图1-2-26中的箭头所指示的。

（8）装上1挡和2挡同步器，如图1-2-27所示，同步器花键毂端面上槽深的一端应朝1挡齿轮。

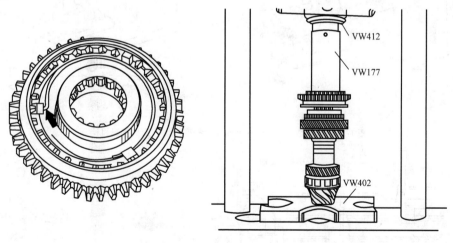

图1-2-26　安装锁环止动弹簧　　　　图1-2-27　安装1、2挡同步器

（9）装上1挡齿轮的滚针轴承内圈，如图1-2-28所示。

（10）装上1挡齿轮一侧的同步环，再装上1挡齿轮；装上1挡齿轮的滚针轴承；装上内后轴承（图1-2-29）；将输入轴和输出轴装到轴承支座上；将轴承支座装到变速器壳体上；将变速器后盖装上变速器轴承支座上。

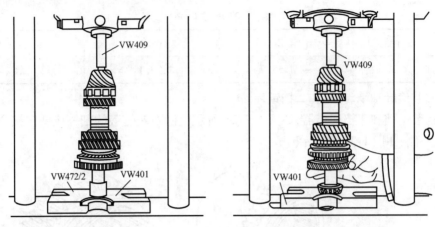

图1-2-28 安装1挡齿轮滚针轴承内圈　　　　图1-2-29 安装内后轴承

(二) 操纵机构

1. 操纵机构的组成与工作原理

桑塔纳2000GSi型轿车5挡变速器的操纵机构主要由远距离操纵机构(图1-2-30)和内换挡机构(图1-2-31)两部分组成,其基本结构和工作原理如下。

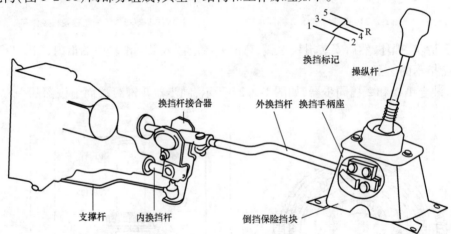

图1-2-30 桑塔纳2000GSi型轿车5挡变速器远距离操纵机构

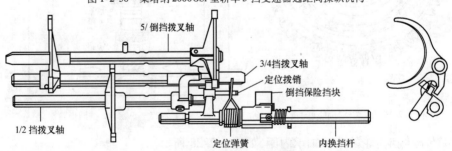

图1-2-31 桑塔纳2000GSi型轿车5挡变速器内换挡机构

(1)远距离操纵机构:远距离操纵机构由支撑杆、换挡杆接合器、外换挡杆、倒挡限位板、换挡操纵杆等组成。在换挡操纵杆支承中装有上、下半球和半轴瓦以及橡皮导套等零件,起到防松、防振作用。通过变速杆手柄、换挡操纵杆、换挡接合器与内换挡杆连接,完成换挡工作。

(2)内换挡机构:由 1/2 挡拨叉轴、3/4 挡拨叉轴、5/倒挡拨叉轴、定位拨销、定位弹簧、倒挡保险挡块以及内换挡杆组成。

当变速器处于空挡时,定位弹簧的两个顶端夹在中间,这样就将内换挡杆上的定位拨销定位在 3/4 挡选挡位置上。当挂入除 3、4 挡以外的任何挡位时,因为定位拨销的转动,使定位弹簧产生一个扭力,当内换挡杆返回空挡时,在定位弹簧的扭力作用下,内换挡杆和定位拨销返回到了 3/4 挡选挡位置上。

5/倒挡拨叉轴工作状况如图 1-2-32 所示。

空挡时,在锁销弹簧力的作用下,将倒挡拨叉定位在空挡位置上。

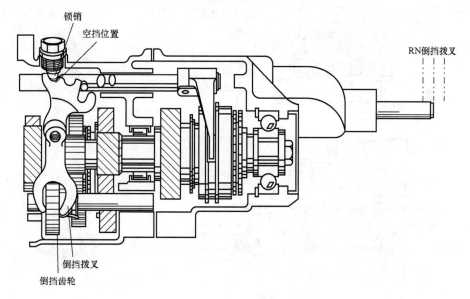

图 1-2-32　5/倒挡拨叉轴工作图

倒挡保险机构工作状况如图 1-2-33 所示。

由图 1-2-33a)可知,倒挡保险挡块能防止从 5 挡退出时误挂入倒挡。倒挡保险挡块被安装在内换挡杆上,并且倒挡保险挡块能在内换挡杆上移动,它移动的距离受到销子的限制。

如图 1-2-33b)所示,当挂入 5 挡时,内换挡杆与倒挡保险挡块一起向右移动。倒挡保险挡块滑落在倒挡保险锁销的下面,弹簧的弹力压着倒挡保险挡块靠在后盖内侧平面上。

如图 1-2-33c)所示,内换挡杆从 5 挡返回空挡时,首先倒挡保险挡块碰到倒挡保险锁销,然后内换挡杆在倒挡保险挡块内继续向左移动,直到内换挡杆上的销子碰到倒挡保险挡块而停下。此时内换挡杆上的右侧弹簧被压缩,内换挡杆就不能挂进倒挡。

如图 1-2-33d)所示,只有当内换挡杆向左移动,内换挡杆上的销子带动倒挡保险挡块向左转,使倒挡保险挡块上升到超过了倒挡保险锁销后,内换挡杆上的右侧弹簧才能将倒挡保险挡块弹到空挡位置。也只有当倒挡保险挡块位于倒挡保险锁销上面且压下该锁销时,才能挂进倒挡。

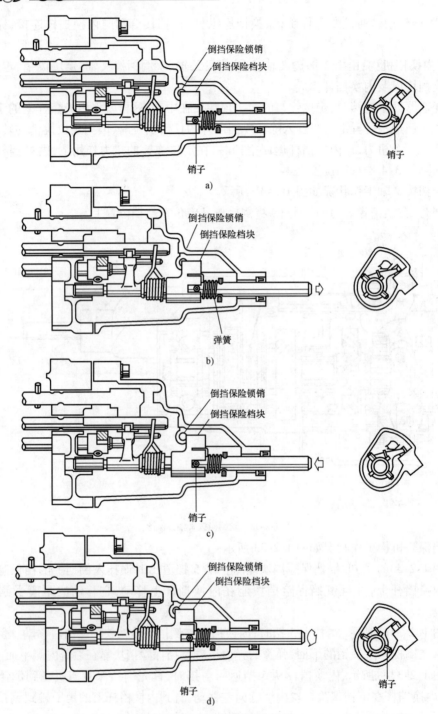

图 1-2-33　倒挡保险机构工作图

5挡换挡工作位置如图1-2-34所示，挂5挡时，5/倒挡拨叉轴被内换挡杆推向右边，5挡拨叉带动5挡接合套啮合进5挡齿轮上，而倒挡拨叉仍留在空挡位置上。

倒挡换挡工作位置如图1-2-35所示。挂倒挡时，5/倒挡拨叉轴被内换挡杆推向左边。倒挡操纵销推动倒挡拨叉上部，从空挡锁销位置进入倒挡锁销位置。同时倒挡齿轮向右移动。倒挡齿轮与输入轴上倒挡齿轮及输出轴上倒挡齿轮相啮合,实现倒车。

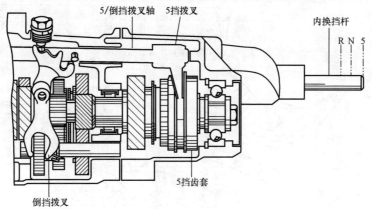

图 1-2-34　5 挡位置工作图

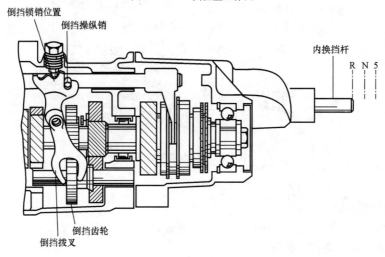

图 1-2-35　倒挡位置工作图

操纵机构的锁止装置如图 1-2-36 所示,它由两个大互锁销、一个小互锁销以及 3 套自锁定位锁销组件组成。

2. 操纵机构的拆卸与检修

1)操纵机构分解

操纵机构的分解图如图 1-2-37 所示。

2)外换挡杆及支架的拆卸和安装

(1)拆卸。

①拆下换挡手柄。

②取下防尘罩。

③取下仪表板。

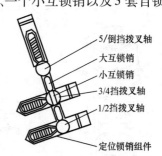

图 1-2-36　拨叉轴互锁机构简图

④拆下固定在外换挡杆上的卡环,取下挡圈和弹簧。卡环一经拆卸,就应更换。

⑤拆下换挡杆支架,如图 1-2-38 所示。

⑥拆下变速控制器罩壳。

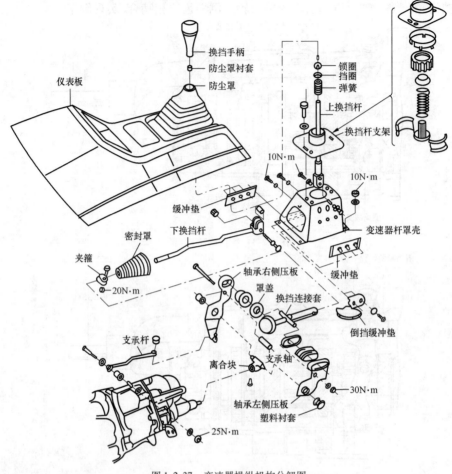

图 1-2-37 变速器操纵机构分解图

⑦使变速杆和外换挡杆脱离。

(2) 安装。

按照与拆卸相反的顺序进行安装,但应注意以下几点:

①检查所有零件,更换已经损坏的零件;
②润滑衬套和挡圈;
③调整变速杆;
④固定换挡手柄应使用快干胶。

3) 变速杆罩壳的拆卸和安装

(1) 拆卸。

①取下仪表板;
②将变速杆和外换挡杆分开;
③取下变速杆;
④拆下变速杆罩壳;
⑤取下倒挡缓冲垫;
⑥取下前进挡缓冲垫。

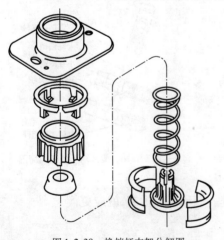

图 1-2-38 换挡杆支架分解图

(2)安装。

按与拆卸相反的顺序进行安装,但应注意用润滑脂润滑缓冲垫和换挡杆支架,调整变速器操纵机构。

3. 操纵机构的调整

当操纵机构装配完毕后,须进行变速器换挡控制系统的调整。

(1)挂入1挡。

(2)将变速杆向左推至缓冲垫处。

(3)慢慢松开变速杆,变速杆朝右返回约5~10mm。

(4)挂入5挡。

(5)将变速杆向右推至缓冲垫。

(6)慢慢松开变速杆,变速杆朝左返回约5~10mm。

(7)当变速杆朝1挡和5挡压去时,变速杆大致返回同样的距离,如有必要,可通过移动支架的椭圆形孔进行调整。

(8)检查各挡齿轮啮合是否平滑。

(9)如果啮合困难,要进行调整。

(10)将变速杆置于极限位置上。

(11)拧松夹箍的螺母,移动变速杆,要求外换挡杆在连接时能自由滑动,如图1-2-39所示。

(12)取下换挡手柄和防尘罩。

(13)将支架孔与变速杆罩壳的孔对准,并旋紧螺栓,如图1-2-40所示。

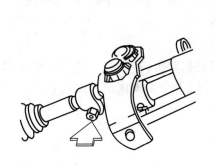 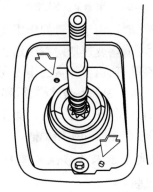

图1-2-39 拧松夹箍螺母　　图1-2-40 换挡杆支架孔与变速杆罩壳孔对准

(14)安装专用工具VW5305/7,使其嵌入换挡杆支架前孔中,将变速杆放在箭头所指位置,如图1-2-41所示。

(15)轻轻地旋紧下面的螺栓,将专用工具VW5305/7固定好,如图1-2-42所示。

(16)将变速杆放在最右面,直到缓冲垫,旋紧定位器螺栓,如图1-2-43所示。

(17)将变速杆放在箭头所指位置,如图1-2-44所示。

(18)用20N·m的力矩拧紧夹箍螺母,见图1-2-39。

(19)取下专用工具VW5305/7。

(20)挂入1挡,将变速杆向左压到底。

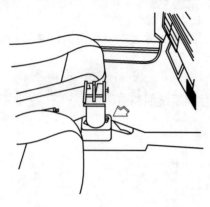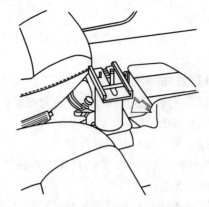

图 1-2-41　将上换挡杆放在箭头所指位置　　　图 1-2-42　固定专用工具 VW5305/7

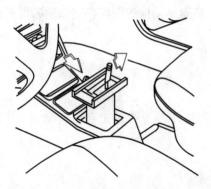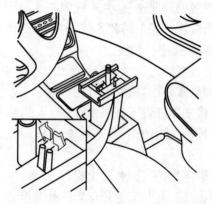

图 1-2-43　拧紧定位器螺栓　　　图 1-2-44　将上换挡杆放在箭头所指位置

（21）松开变速杆，由于弹簧的作用变速杆将返回到右边。

（22）挂入 5 挡，将变速杆向右压到底。

（23）松开变速杆，由于弹簧的作用变速杆返回到左边（在挂入 1 挡和 5 挡时，变速杆大致返回相同的距离。如果不是这样，可移动换挡杆支架上的椭圆形孔来修正）。

（24）先后挂入所有的挡位，特别要注意倒挡的锁止功能。

（25）装上仪表板、防尘罩和换挡手柄。

（三）二轴式变速器维修注意事项

1. 衬垫及油封

（1）每次修理必须更换密封垫圈和 O 形圈。

（2）油封在装入前，在外径上涂上一薄层齿轮油，在唇形密封圈之间的空隙内填满润滑油脂。轴油封装入后，检查变速器的油面，须添加到注油口边缘。

（3）接合面须保持清洁。

（4）密封剂应涂均匀，不要太厚，且通气孔应保持通畅。

2. 调整垫片

（1）用千分尺可以精确地测出所需调整垫片的厚度。

（2）检查边缘是否有损坏。

（3）只准装入完好的调整垫片。

3. 卡环

(1) 修理中须调整卡环。

(2) 修理时不能将卡环拉开过度。

(3) 安装时必须将卡环放在规定的槽内。

(4) 每次修理须调换弹簧销，其安装方向是槽口朝向拨叉轴的方向。

4. 螺栓及螺母

(1) 固定盖和罩壳的螺栓和螺母应交叉拧紧和拧松。

(2) 更换自锁螺栓和螺母，并按规定力矩拧紧。

5. 轴承

(1) 将滚针轴承有标志的一面(壁厚较大)朝向安装工具。

(2) 在轴与轴承之间涂一薄层齿轮油。

(3) 变速器内的全部轴承安装前应涂以齿轮油。

6. 遵守拆装工艺要求

不论是齿轮传动机构还是操纵机构，拆装时均应严格遵守拆装工艺，尽量使用专用工具，以提高维修质量和工作效率。

四、三轴式变速器

三轴式变速器指齿轮传动机构中有输入轴、输出轴及中间轴的变速器。它通常广泛用于发动机前置后轮驱动的车辆上，如 EQ1092、CA1092 型载货汽车等。EQ1092 载货汽车变速器由齿轮传动机构和操纵机构组成，具有 5 个前进挡、1 个倒挡。

(一) 齿轮传动机构

齿轮传动机构由壳体及支承轴承、输入轴(也称 1 轴)、中间轴、输出轴(也称 2 轴)、倒挡轴及各轴上零件组成。

1. 齿轮传动机构拆卸

(1) 拆下变速器盖(上盖及下盖)总成。

(2) 拆下输入轴后轴承盖。

(3) 用铜棒左右轻敲输入轴，将输入轴连同轴承从壳体前端承孔中拨出，取下输出轴前轴承，如图 1-2-45 所示。

(4) 拆下输出轴后轴承盖。

(5) 先用铜棒从前端轻击输出轴，使之从壳体承孔中后退到轴承脱离承孔为止，再用轴承顶拨器取下后轴承，然后抬出输出轴总成，拆下前端卡环后，顺次分解输出轴前后各零件，如图 1-2-46 所示。

(6) 拆下倒挡齿轮检查孔盖，取下倒挡轴锁片，用专用工具拉出倒挡轴，从壳体侧孔取出倒挡齿轮轴承及隔套。

(7) 拆下中间轴前后轴承盖，撬开后轴承锁片，拧下锁紧螺母。用铜棒将中间轴自前往后敲击至后轴承脱离承孔，再用轴承顶拨器拉下后轴承，从壳体内取出中间轴总成，再从前至后依次分解中间轴上各零件，如图 1-2-47 所示。

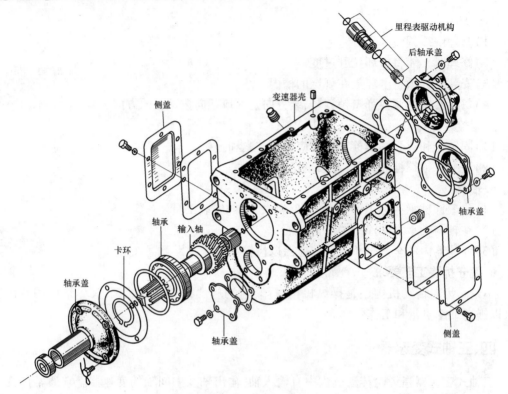

图 1-2-45 变速器壳体和输入轴

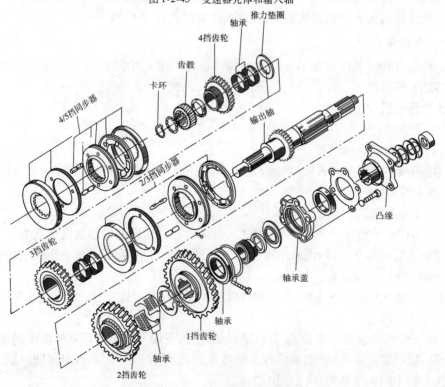

图 1-2-46 变速器输出轴总成

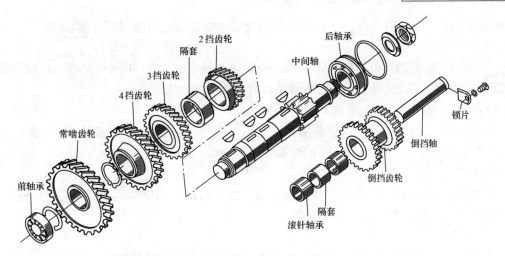

图 1-2-47 变速器中间轴和倒挡轴

2. 齿轮传动机构基本结构

1）壳体

变速器壳体的作用是安装保护齿轮传动机构和容纳齿轮油。右侧开有取力孔,便于车辆改装时安装后备取力器。壳体前、后端制有齿轮轴安装孔。壳体前端有 4 个螺栓孔,用于固定在飞轮壳上,壳体上开有加油孔和放油孔。

2）输入轴

输入轴与主动圆柱斜齿轮制成一体,后端短齿为 5 挡接合齿圈,其前后端用向心球轴承分别支承在飞轮的中心孔和壳体前壁座孔中。

3）输出轴

输出轴的前端由滚针轴承支承在输入轴后端中心孔内,后端由球轴承支承在壳体后壁上。1/倒挡从动齿轮与输出轴花键连接,可前后移动。3、4 挡齿轮通过滚针轴承支承在输出轴上,并通过 2/3 挡及 4/5 挡同步器实现动力输出。

4）中间轴

中间轴前端以短圆柱滚子轴承支承在壳体前壁座孔,后端通过向心球轴承支承于壳体后壁座孔。后轴承外座圈上装有弹性挡圈,并由轴承盖压紧,以限制中间轴的轴向移动。1 挡、倒挡齿轮与中间轴制成一体,2 挡齿轮、3 挡齿轮、4 挡齿轮、常啮合齿轮均通过半圆键与中间轴连成一体。

5）倒挡轴

倒挡轴压装在壳体相应轴孔内,并由锁片锁住,防止其转动和轴向移动。倒挡齿轮通过双排滚针轴承支承在倒挡轴上。

3. 各挡动力情况

1）5 挡

4/5 挡同步器接合套前移,挂入 5 挡,动力由一轴接合齿圈、4/5 挡同步器接合套、4/5 挡固定齿座,最终传给二轴。

2）4 挡

4/5 挡同步器接合套后移,挂入 4 挡。动力由一轴常啮齿轮、中间轴常啮齿轮、中间轴 4

挡齿轮带动 2 轴上 4 挡齿轮、4/5 挡同步器接合套、4/5 挡固定齿座,最终传给二轴。

3) 3 挡

2/3 挡同步器接合套前移,挂入 3 挡。动力由 1 轴常啮齿轮、中间轴常啮、轮、中间轴 3 挡齿轮、二轴 3 挡齿轮,经 2/3 挡同步器接合套,最终传给二轴。

4) 2 挡

2/3 挡同步器后移,挂入 2 挡。动力由一轴常啮齿轮、中间轴常啮齿轮、中间轴 2 挡齿轮、二轴 2 挡齿轮 2/3 挡同步器接合套,最终传给二轴。

5) 1 挡

1/倒挡滑动齿轮前移,挂入 1 挡。动力由一轴常啮齿轮、中间轴常啮齿轮、中间轴 1/倒挡齿轮、二轴 1/倒挡滑动齿轮,最终传给二轴。

6) 倒挡

1/倒挡滑动齿轮后移,挂入倒挡。动力由一轴常啮齿轮、中间轴常啮齿轮、中间轴 1/倒挡齿轮、倒挡轴上的倒挡齿轮、二轴 1/倒挡滑动齿轮,最终传给二轴。

4. 齿轮传动机构主要零件检修

1) 壳体检修

壳体的主要耗损形式有裂纹、变形及螺纹孔损坏等。

(1) 裂纹检修:壳体裂纹可用检视法或敲击法检查。当裂纹处在受力不大部位时,可焊修;当裂纹处在受力较大部位时,应更换新壳体。

(2) 壳体上平面检修:变速器壳上平面的翘曲变形,可在平板上用厚薄规检查。平面度误差超过标准时,可磨削修复。

2) 变速器齿轮和轴的检修

(1) 变速器齿轮的检修。

齿轮的工作面腐蚀斑点及剥落面积超过齿面的 1/4,或齿轮出现裂纹时,应予更换。

(2) 变速器轴的检修。

轴的弯曲可以用百分表测量各轴中部的径向跳动,如图 1-2-48 所示,超过使用极限,应予校正或更换。

3) 轴承的检修

轴承应转动灵活,滚动体与内外滚道不得有斑痕,保持架应完好,径向间隙不得大于 0.10mm,否则,予以更换。

4) 同步器的检修

同步器锥环锥面沟槽磨损至 0.1mm,或锥环与锥盘底部已有接触磨痕,则应更换同步器总成。更换同步器后,如果使用原锥盘,则应检查锥盘和锥环的端面间隙 C,其间隙应不小于 0.30mm,如图 1-2-49 所示。

5. 齿轮传动机构装配与调整

1) 安装中间轴总成

(1) 在压床上将 2 挡齿轮、隔套、3 挡齿轮、4 挡齿轮、常啮齿轮及弹性挡圈等依次装到中间轴上,但压入时应注意:齿轮的键槽必须对准半圆键;2 挡齿轮、4 挡齿轮的长毂朝前,3 挡齿轮、常啮齿轮的长毂朝后;卡环安装要到位。

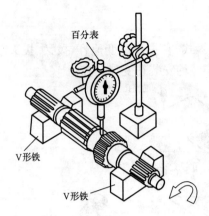
图 1-2-48 检查轴的径向跳动

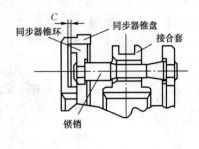
图 1-2-49 锁销式同步器后备行程的检查

（2）将变速器壳体固定在工作台上，把中间轴总成放入壳的中间轴承孔中，两端套上轴承（注意：EQ1092 车的中间轴前轴承改用带内圈的圆柱滚子轴承 42206 型号）。

用专用工具把中间轴前后轴承压入轴承座孔内。中间轴后端轴承贴紧轴颈台阶后，套上锁片，并用螺母以 147N·m 力矩拧紧，之后用锁片把螺母锁上。并装上前后轴承盖。

2）装倒挡轴

在齿轮内放入滚针轴承和隔套，从倒挡齿轮窗口放入倒挡齿轮，从变速器后端插入倒挡齿轮轴。倒挡轴到位后，卡上锁片，并用螺栓固定锁片。装倒挡窗口盖板及相应的衬垫（涂胶），并用涂胶的螺栓对称拧紧。

3）装配第 2 轴总成

（1）将 2 挡齿轮及轴承、2 挡齿轮止推环及锁紧装置装在第 2 轴的后端。

（2）在第 2 轴的前端，依次装上 2/3 挡同步器总成（将滑动齿套凸出的一面朝向前端），3 挡齿轮及轴承，4 挡齿轮推力环，4 挡齿轮及轴承、挡圈，装入 4/5 挡固定齿座，推力环及固定齿座锁环。

（3）把装好的第 2 轴总成放入壳体内，将 4/5 挡同步器总成套在第 2 轴上。

（4）从第 2 轴后端装上后轴承，并用铜棒轻轻敲击，使轴承靠到第 2 轴花键部分的台肩上，套入里程表主动齿轮和隔套，然后在轴承外圈上装上挡圈。

4）装配第 1 轴总成

（1）在第 1 轴主动齿轮前端压入轴承，装上挡圈，在主动齿轮内孔中装入第 2 轴支承轴承，使第 2 轴前轴颈对准第 1 轴轴承孔。

（2）用铜锤一边轻轻敲击，一边用手转动第 1 轴使第 1 轴后球轴承平顺装入壳体座孔中。

（3）从第 1 轴前端，先将密封纸垫安放在轴盖贴合处，套上轴承盖（盖内已装好油封），用螺栓对称紧固，并用锁线以"8"字形穿入螺栓头的孔中拧紧。

5）安装第 2 轴后盖及附件

在壳体上装上第 2 轴后轴承盖，并加新密封垫，用螺栓对称紧固，装上甩油环，把已装好的驻车制动器总成固定在轴承盖上，把驻车制动器凸缘套在第 2 轴上，装上碟形垫圈（拧紧力矩为 200～250N·m，将锁紧螺母拧紧）。

(二)操纵机构

EQ1092车5挡变速器操纵机构采用直接操纵式,它主要由变速杆、拨叉、拨叉轴、自锁、互锁、倒挡锁装置等组成,如图1-2-50所示,各零件均安装在变速器盖上。

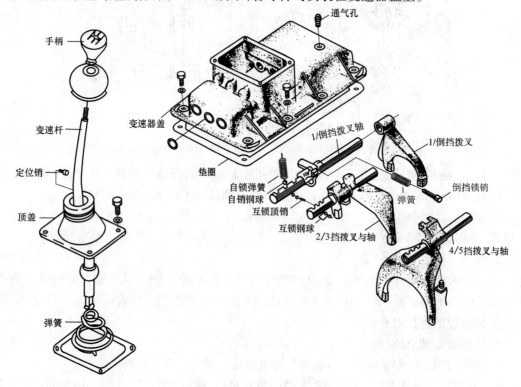

图1-2-50 变速器操纵机构

1. 操纵机构的拆卸

(1)拆下变速器顶盖4个固定螺钉,拆下顶盖、变速杆、定位弹簧。

(2)将变速器盖总成倒置,牢固夹持在台钳上。

(3)拆下拨叉固定螺钉上的金属锁线。

(4)拆下拨叉紧固螺钉。

(5)拆下各拨叉轴紧固螺钉。

(6)检查1/倒挡拨叉轴及4/5挡拨叉轴均处于空挡位置,由后至前拆下2/3挡拨叉轴,取下拨叉、4个互锁钢球、1根互锁销及自锁钢球小心自锁钢球弹出伤人。

(7)再分别拆下1/倒挡拨叉轴及拨叉,拆下4/5挡拨叉轴及拨叉,小心自锁钢球弹出伤人。

(8)卸下变速器盖,分别取出3个自锁弹簧。

2. 操纵机构的组成与作用

操纵机构的主要作用是控制换挡齿轮的啮合,实现换挡。为满足汽车换挡要求,它设置了3个安全装置。

(1)自锁装置。它由自锁钢球、自锁弹簧组成,可以防止拨叉轴自行挂挡或自行脱挡。

(2)互锁装置。它由互锁钢球、互锁销组成,任一拨叉轴挂挡时,必将其余拨叉轴锁在空挡位置,可以防止同时挂入两挡。

(3)倒挡装置。它由锁销、弹簧组成,挂倒挡时需用力压下倒挡锁销,有与前进挡不同的手感,可以防止误挂倒挡。

3. 操纵机构检修

1)变速器盖的检修

(1)变速器盖不得有裂纹,如有裂纹可焊修。

(2)与变速器壳体的接合面的平面度误差要求不大于0.15mm,使用极限为0.30mm,如超过标准可用铲、磨等方法进行修复。

2)变速叉轴及锁止装置的检修

用百分表检查变速叉轴的直线度误差,要求其中部的径向跳动应不大于0.20mm,或将变速叉轴放在平板上用厚薄规测量,其缝隙应不大于0.10mm。超过标准,应冷压校正或更换;变速叉轴定位凹坑轴向磨损量大于0.50mm,径向磨损量大于0.70mm,超过标准,可堆焊修复或更换。

定位钢球、互锁销磨损严重,定位弹簧过软(弹簧放入孔中应与孔的边缘平齐)或折断,均应换用新件。

3)变速杆的检修

变速杆球节磨损后,其直径减少量不得超过0.5mm,定位槽磨损不得超过0.40mm,下端球头与变速叉导块的间隙不得超过1.2mm,否则,应予更换。

4. 操纵机构装配

操纵机构装配应注意以下问题:

(1)先将1、倒挡变速叉轴及4/5挡变速叉轴装入,且均处于空挡位置,再装2/3变速叉轴。

(2)拨叉轴装配时,利用导向轴将自锁钢球压下,然后装入变速叉轴,套上相对应的变速叉及导块,同时注意互锁钢球、互锁销不能漏装,如图1-2-51所示。

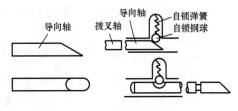

图1-2-51 安装变速叉轴

(3)拧入变速叉及导块止动螺钉,拧紧后,用钢丝锁线分别将止动螺钉锁紧在叉轴上。

(4)在变速器盖前端座孔上,打入边缘涂有密封胶的塞片。

(三)变速器的磨合试验

1. 磨合目的

大修后的变速器总成通常需进行磨合试验。其目的有两个:一是改善各运动配合副的工作表面状况;二是检查变速器的修理和装配质量。通过磨合试验可以减小零件工作表面的微观和宏观的几何误差,增大零件的实际接触面积,使单位接触面积上的载荷减小,以免装车使用时产生剧烈磨损。并及时发现和消除修理中的隐患,避免装车后返工,节省修理时间。

2. 磨合规范

变速器磨合前,应加足6号或10号车用机油,油温应不低于15℃。然后用电动机或发动机等动力装置带动。磨合分无负荷和有负荷两个阶段。先进行无负荷磨合,各挡磨合正常后再利用加载装置(如驻车制动器等)对变速器加载(所加负荷一般为传递最大转矩的30%左右),检查变速器在有负荷状态下的工作是否正常。

磨合时,变速器第 1 轴的转速一般为 1000~2000r/min。各挡磨合时间视实际情况而定,它主要取决于变速器修理时更换零件的多少及零件的品质,一般应不小于 10~15min,各挡磨合总时间应不少于 1h。

磨合后,应放掉机油,并用煤油、柴油各 50% 的混合液进行清洗,然后换装齿轮油。

3. 磨合后的技术要求

变速器磨合后,不允许有自动脱挡、跳挡现象;变速器换挡应轻便、灵活、迅速、可靠;运转和换挡时均不得有异常响声;变速杆应无明显的抖动现象;所有密封装置不得有漏油现象,否则,应查明原因予以排除。

五、分动器

(一)分动器的作用

越野汽车及四轮驱动的轿车因多轴驱动而装用分动器。其主要作用是将变速器输出的动力分配到各驱动桥。分动器的输入轴直接或通过万向传动装置与变速器输出轴相连,其输出轴有若干个,分别经万向传动装置与各驱动桥相连。下面以北京 BJ2021(切诺基)使用的 NP231 型分动器为例介绍分动器的结构。

(二)分动器的结构与拆装

NP231 型分动器主要由壳体、传动机构和操纵机构三部分组成,具有二轮高速挡(2H)、四轮高速挡(4H)、空挡(N)和四轮低速挡(4L)4 个挡位。

1. 分动器的拆卸

(1)松开凸缘罩紧固螺栓,用木锤敲松后取下凸缘罩。
(2)取出后输出轴上的后轴承卡圈。
(3)松开后轴承紧固螺栓,用木锤敲松后取下后轴承座和油泵壳。
(4)拆下后输出轴上的油泵齿轮。
(5)拆卸分动器前、后壳体的紧固螺栓,并拆下后壳体。
(6)将前输出轴和传动链作为一个整体拆下来。
(7)先抽出拨叉轴和前驱动操纵拨叉。
(8)拉出后输出轴及齿轮。
(9)取出高低挡换挡拨叉。
(10)取出行星齿轮总成。
(11)取出输入轴。
(12)拆下换挡扇形板及轴。

2. 分动器的主要机件

(1)分动器壳体:NP231 型分动器壳体为中间对开式结构。前壳体与变速器后壳体直接固定连接。
(2)输入轴:分动器输入轴安装于前壳体上,与变速器输出轴花键连接。与轴一体的后端齿轮为行星齿轮系的太阳轮,内圈短齿为高速挡驱动齿。

（3）后输出轴:后输出轴前端由输入轴承孔支承,后端由分动器后壳体支承。高低挡换挡齿套与轴前段的花键齿啮合,驱动链轮借滚针轴承支承在轴上。惯性锁环式同步器安装于轴上。

（4）行星齿轮系:三个行星齿轮与输入轴上太阳轮啮合,又同时与固装在分动器壳体内的齿圈啮合。行星架上短齿用来传递低挡动力。

（5）前输出轴:前输出轴与其链轮制成一体,由前、后壳体支承。两输出轴链轮用传动链连接。

（6）操纵机构:分动器操纵机构包括换挡轴、扇形板与定位销、高低挡换挡拨叉、前驱动换挡拨叉、拨叉轴。

3. 分动器工作情况

空挡时,后输出轴上换挡齿套与输入轴齿轮和行星齿轮架短齿均不接触,输入轴转动,输出轴不转动,汽车不能行驶。

当换挡齿套往前移与输入轴齿轮内齿圈啮合时,即挂上高速挡(2H 挡)。动力由输入轴直接传给后输出轴,传动比为 1∶1。汽车以两后轮驱动。传力途径如图 1-2-52 所示。

在以上"2H"挡基础上,将同步器接合套与驱动链轮啮合。此时,分动器前后输出轴都输出动力,汽车以高挡四轮驱动(4H 挡)。传力途径如图 1-2-53 所示。

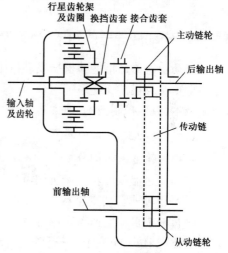

图 1-2-52 "2H"挡传动示意图

同步器接合套与驱动链轮继续保持啮合,而换挡齿套往后移至与行星架短齿啮合。此时,分动器挂入低速挡(4L 挡),传动比为 2.72∶1。汽车以较慢的速度四轮驱动。传力途径如图 1-2-54 所示。

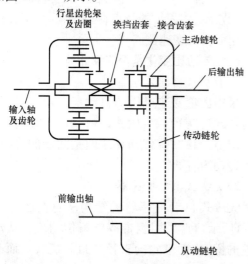

图 1-2-53 "4H"挡传动示意图

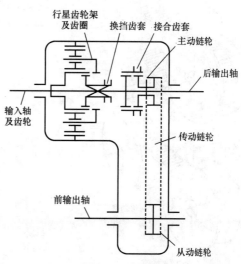

图 1-2-54 "4L"挡传动示意图

4. 分动器的装配

分动器的装配按拆卸的相反顺序进行,并应注意以下事项:

(1)安装输入齿轮时,应使用正确规格的工具,将输入齿轮压入到前轴承内。
(2)安装分动器壳体、凸缘罩及后轴承座时,应使用密封胶,保证其密封性。
(3)各零件的螺栓必须按要求的紧固力矩紧固。
(4)安装时应使用木锤敲击,以免损坏机件。
(5)通过可调连杆上的调整螺母,调整换挡杆连杆机构,使换挡位置准确到位。

课题3 自动变速器

一、自动变速器的组成、类型及特点

自动变速器是指能够根据发动机工况及汽车运行速度自动选挡和换挡的变速器。它由液力变矩器及机械变速系统组合而成。目前汽车上装用的自动变速器由于综合应用了电子控制技术、液压控制技术、液力传动技术和机械传动技术,故又称为电控自动变速器。

(一)自动变速器的类型

1. 按齿轮变速机构分类

自动变速器按齿轮变速机构可分为平行轴式和行星齿轮式两种。

1)平行轴式自动变速器

平行轴式自动变速器采用普通齿轮啮合传动,通过换挡离合器改变不同齿轮的搭配,实现传动比(挡位)的变换。平行轴式自动变速器体积较大,使用车型很少。我国广州本田汽车有限公司生产的广州本田雅阁轿车所使用的变速器就是平行轴式自动变速器。

2)行星齿轮式自动变速器

行星齿轮式自动变速器采用行星齿轮传动,通过换挡执行元件实现挡位的变换。它具有结构紧凑、体积小的特点,是目前绝大多数汽车采用的自动变速器。

2. 按传动比变化是否连续分类

1)有级式自动变速器

采用齿轮变速机构的自动变速器,不论是平行轴式还是行星齿轮式,各挡位的传动比是一个定值。各挡位传动比之间是间断的,这是齿轮传动固有的特点。

2)无级式自动变速器

无级式自动变速器的结构示意简图如图1-3-1所示。它采用钢带或链条传动,主、从动带轮的槽宽(即带轮的直径)可以改变,从而改变传动比。这种变速器又称为CVT,它可以实

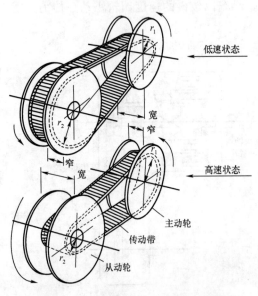

图1-3-1 无级式自动变速器结构示意简图

现一定范围内的无级变速,即传动比的变化是连续、无间断的。CVT 已经在部分轿车上使用,国产奥迪(Audi)A6、南京菲亚特等车型就使用了 CVT。

3. 按控制方式分类

自动变速器按控制方式可分为液力控制自动变速器和电子控制液力自动变速器。目前广泛使用的主要是电子控制液力自动变速器。

电子控制液力自动变速器的工作原理如图 1-3-2 所示,传感器将节气门开度、发动机转速、冷却液温度、变速器油温度、车速、制动信号等参数传送到电控单元,电控单元根据以上信号,按照设定的换挡规律曲线向电磁阀发出控制指令,电磁阀动作产生液压控制信号,从而操纵阀板中的控制阀动作,并通过换挡执行元件实现自动换挡。

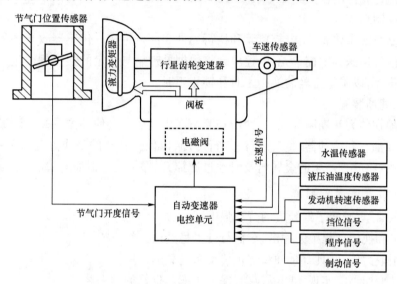

图 1-3-2 电子控制液力自动变速器工作原理

(二)自动变速器的组成

自动变速器的组成如图 1-3-3 所示,它由液力变矩器、行星齿轮变速机构、液压控制系统、电子控制系统和冷却、滤油装置等组成。

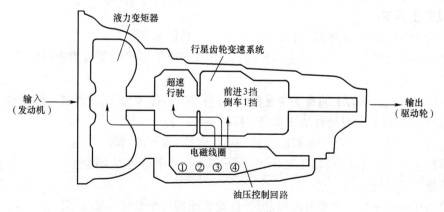

图 1-3-3 自动变速器的组成

1. 液力变矩器

液力变矩器安装在发动机飞轮上，其作用是通过液力将发动机的转矩传给变速器输入轴。

2. 行星齿轮变速机构

行星齿轮变速机构由行星齿轮机构和换挡执行元件两部分组成。行星齿轮机构由2～3排行星齿轮形成2～5种传动比。换挡执行元件用于换挡控制，以实现自动换挡动作。

3. 液压控制系统

液压控制系统由油泵、调压阀、换挡阀、减振器等零部件组成。其作用是提供控制液压，并控制换挡执行元件动作。

4. 电子控制系统

电子控制系统由传感器、电控单元和执行元件3部分组成。传感器收集各种数据，并将其转变为电信号传送到电控单元，电控单元将数据处理后与设定的换挡规律进行比较，向执行元件发出指令，以确定正确的换挡正时和锁止正时。

5. 冷却、滤油装置

变速器油在传力和控制过程中，冲击和摩擦产生的热量会使油温升高，冷却装置的作用就是通过冷却油路和冷却器对变速器油进行冷却，以保持正常的工作温度（80～90℃）。并在流动过程中，将摩擦产生的金属屑及时地过滤掉，以保持变速器油的清洁。

（三）自动变速器的特点

（1）操纵简单，减轻了驾驶员的劳动强度。

（2）起步和换挡过程中无冲击，车辆行驶平稳舒适。

（3）采用液力传动，具有缓冲和防止传动系过载的作用。

（4）自动变速器能实现无间隔换挡，保证了汽车良好的动力性。

但是，自动变速器也存在传动效率低、结构复杂、生产成本高等缺点。

二、自动变速器的拆卸

（一）丰田A340E型自动变速器的拆卸

1. 从车上拆下

从车上拆下的自动变速器，如图1-3-4所示，其拆卸步骤如下。

（1）关闭点火开关，拆除蓄电池搭铁线；拔下与变速器连接的所有线束插接件。拆下放油螺塞，放掉变速器油。

（2）拆下节气门摇臂上的自动变速器节气门拉线；拆除加油管、散热器连接油管、换挡手柄与手动阀连接杆等所有与自动变速器连接的零部件。

（3）拆掉传动轴与自动变速器输出轴的连接螺栓，取下传动轴。

（4）拆下飞轮壳盖板，撬动飞轮，逐个拆下飞轮与变矩器的连接螺栓。

（5）拆下起动机。

（6）用托架托住自动变速器底部，拆下自动变速器与车架的连接支架。

（7）拆掉自动变速器与飞轮壳的连接螺栓，将变矩器与自动变速器一起抬下。

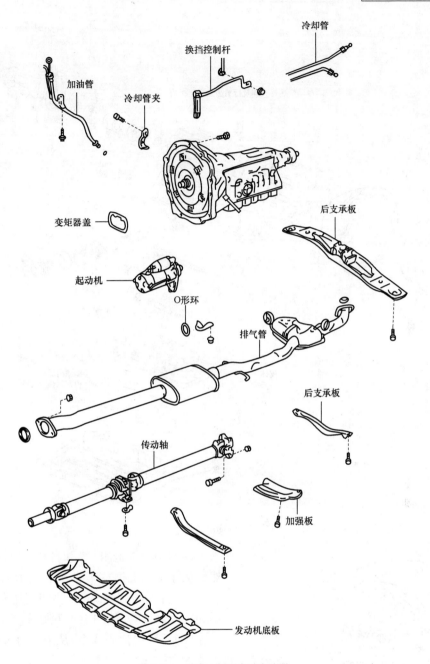

图 1-3-4 从车上拆下自动变速器

2. A340E 自动变速器的分解

丰田 A340E 自动变速器分解图如图 1-3-5 所示,其分解步骤如下。

(1)从自动变速器前端拆卸液力变矩器。

(2)拆卸油尺、手动阀摇臂、空挡起动开关、输入轴传感器、车速传感器等安装在自动变速器壳体上的零部件。

(3)拆掉前壳体与自动变速器壳体的连接螺栓,将前壳体拆下,如图 1-3-6 所示。

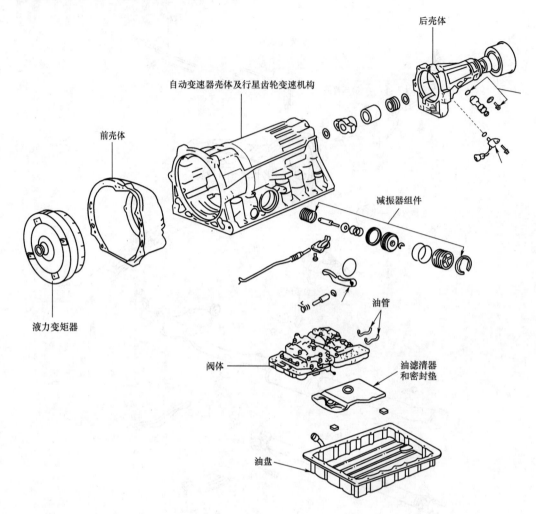

图 1-3-5　丰田 A340E 自动变速器的分解

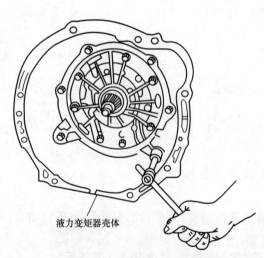

图 1-3-6　拆卸液力变矩器壳体

(4) 拆掉输出轴凸缘和自动变速器后壳体,然后从输出轴上拆掉车速表驱动齿轮。

(5) 拆下油底壳、密封垫和变速器油滤网,拆卸阀体供油管,如图 1-3-7 所示。

(6) 拆除电磁阀线束,从节气门阀凸轮上拆下节气门拉线。

(7) 拆卸阀体总成。拆卸阀体总成时注意区分阀体固定螺栓和上、下阀体连接螺栓。

(8) 从自动变速器壳体上拆下壳体油道中的单向阀和弹簧以及减振器弹簧,然后用压缩空气从进油口施压,将减振器活塞取出,如图 1-3-8 所示。

(9) 拆卸油泵周围的固定螺栓,用专用拉器拉出油泵总成。

(10) 按顺序分解行星齿轮变速机构。

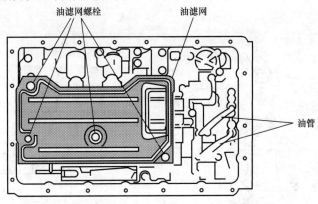

图 1-3-7　拆卸油滤网和阀体供油管

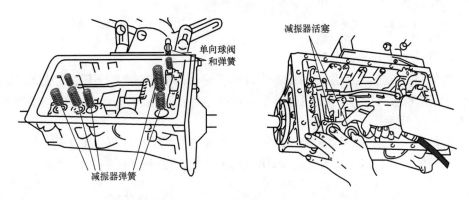

图 1-3-8　拆卸减振器活塞

(二) 桑塔纳 2000GSi AT 轿车 01N 自动变速器的拆卸

1. 从车上拆下

(1) 对于有密码的收音机,先取得密码。拆掉蓄电池搭铁线。取下发动机盖板。

(2) 将变速杆置于 N 位,拆下排气管隔热板、线束固定板、前排气管上部螺栓以及自动变速器与发动机的上部连接螺栓。

(3) 举升汽车,拆掉前排气管上的氧传感器;断开前排气管与三元催化器的连接,拆下前排气管。

(4) 拔下车速表、车速传感器、自动变速器速度传感器、多功能开关等元件的线束插头,如图 1-3-9 所示。

(5) 拆掉左右半轴与变速器输出凸缘的连接螺栓。

(6) 将变速杆置于 P 位,拆下变速杆拉线,如图 1-3-10 所示。

(7) 拆下起动机及变速器油冷却器连接管。

(8) 转动曲轴皮带轮,拆下飞轮与液力变矩器的连接螺栓。

(9) 拆掉副车架与车身连接螺栓,用专用支架托住自动变速器总成,拆下变速器后部支承架与车身的连接螺栓。

(10)拆下自动变速器与发动机下部的连接螺栓,使两者分离,然后抬下自动变速器。在此过程中注意固定好液力变矩器,防止其脱落。

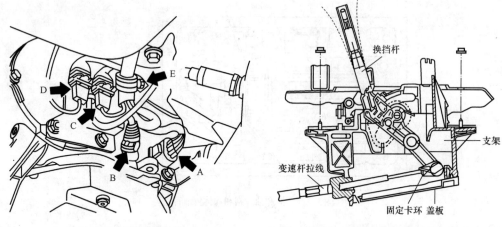

图 1-3-9 拆除电器插头　　　　　　　图 1-3-10 拆卸变速杆拉线

2.01N 型自动变速器的分解

(1)排放自动变速器油:用专用设备将自动变速器油抽出;或者拆下油底壳上的液位检查螺塞,从液位检查孔中拆下溢流管,排空自动变速器油,然后将溢流管和液位检查螺塞装回,如图 1-3-11 所示。

(2)拆卸液力变矩器:用直尺和游标卡尺测量液力变矩器在自动变速器壳中的安装深度(安装时用数据),然后取下液力变矩器,用专用工具撬出油封,如图 1-3-12 所示。

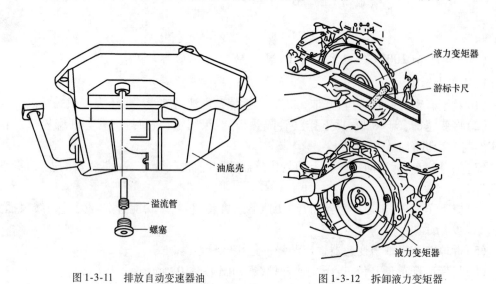

图 1-3-11 排放自动变速器油　　　　　图 1-3-12 拆卸液力变矩器

(3)拆下油底壳、油滤网:用专用工具拔下阀体总成上的电磁阀线束插头,拆下阀体总成;转动手动阀,使其与操纵杆脱钩,如图 1-3-13 所示。

(4)拆卸外围附件:拆下变速器油冷却器、多功能开关、变速器转速传感器、车速传感器、换挡轴、手动阀控制器、动作杆、停车闭锁轮、定位杆等元件,如图 1-3-14 所示。

(5)分解行星齿轮变速机构。

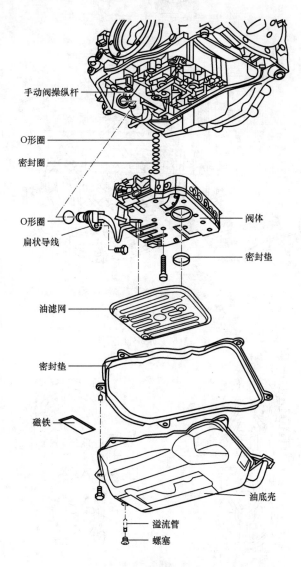

图 1-3-13 拆卸阀体总成

三、液力变矩器

(一)液力变矩器的结构

液力变矩器的结构如图 1-3-15 所示。它主要由泵轮、涡轮和导轮组成。液力变矩器的 3 个工作轮上均制有若干径向分布的辐射状弯曲叶片。泵轮与变矩器壳体连成一体,壳体用螺栓连接在发动机曲轴后端的飞轮上。涡轮用花键与变速器输入轴相连,导轮用单向离合器支承在导轮轴套上,导轮轴套与变速器壳体连接。

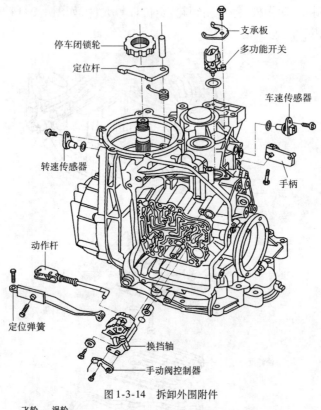

图 1-3-14 拆卸外围附件

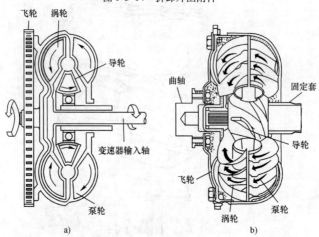

图 1-3-15 液力变矩器

（二）液力变矩器的工作原理

液力变矩器泵轮随发动机曲轴转动时，变速器油在离心力作用下沿叶片甩向涡轮，液压力推动涡轮同向旋转，此时作用在涡轮上的力矩等于泵轮力矩；变速器油沿涡轮叶片向泵轮回流过程中流经导轮，由于单向离合器的锁止作用，导轮固定不动，回流的变速器油给导轮叶片一个冲击力矩，导轮则通过变速器油又给涡轮一个反作用力矩。这样，通过涡轮输出的力矩就等于泵轮力矩与导轮反作用力矩之和，液力变矩器增大了输出力矩。液力变矩器的输出力矩与输入力矩的比值称为液力变矩器的变矩系数 K。

液力变矩器的变矩作用随涡轮转速的改变而发生变化：涡轮转速为零时，变矩器的输出力矩最大，变矩系数为 2.6 左右，此状态称为液力变矩器的失速点；涡轮转速逐渐增大，变速器油沿涡轮叶片回流时的流向发生变化，冲击导轮叶片所产生的反作用力矩逐渐减小，K 值逐渐减小；涡轮转速达到一定值时，从涡轮回流的变速器油的流动方向与导轮叶片夹角为零，变矩系数 $K=1$；当涡轮转速进一步升高，回流的变速器油冲击导轮叶片背面，单向离合器的锁止作用解除，导轮自由旋转，以保证传动效率。

（三）带锁止离合器的液力变矩器

由于液力传动的固有特性，泵轮和涡轮之间存在有滑转现象，液力变矩器的传动效率总是小于1，正常为95%。为了提高液力变矩器在高传动比下的传动效率，目前汽车上装用的液力变矩器大多数为带有锁止离合器的液力变矩器。其结构如图 1-3-16 所示，锁止离合器的主动部分与变矩器壳体相连，从动部分与涡轮相连。当压力油推动活塞右移，锁止离合器的主、从动部分接合，泵轮与涡轮就成为刚性连接，液力变矩器变为机械传动，传动效率 $\eta=1$；当压力油撤除后，离合器分离，液力变矩器恢复正常工作。锁止离合器的接合与分离受电控单元的控制。

（四）液力变矩器的检修

目前汽车上装用的液力变矩器均为焊装式结构，只能进行清洗和检查。

1. 液力变矩器的清洗

向液力变矩器内注入挥发性好的清洗剂，如汽油等，然后用手摇动变矩器；或者用变速器输入轴插入涡轮搅动进行清洗。反复清洗几次，将清洗剂排出。最后向变矩器内通入压缩空气，使其内部清洁。

2. 液力变矩器的检查

用转动工具插入单向离合器内座圈中，用固定工具卡在变矩器轴套的油泵驱动缺口内，如图 1-3-17 所示。顺时针方向应能自由转动，逆时针方向单向离合器应能锁止，否则，需更换液力变矩器。

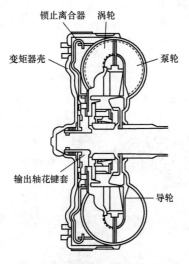

图 1-3-16　带锁止离合器的液力变矩器

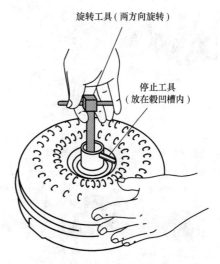

图 1-3-17　检查单向离合器

四、行星齿轮变速系统

(一)行星齿轮变速系统的作用及组成

自动变速器的液力变矩器能在一定的范围内实现传动比的连续变化,但其变矩作用不能适应汽车的行驶要求。因此,在自动变速器中设置行星齿轮变速系统,实现传动比的进一步变化,使自动变速器具有空挡、倒挡和4~6个前进挡。

行星齿轮变速系统由行星齿轮机构和换挡执行机构两部分组成。行星齿轮机构的作用是改变传动比和传动方向,构成不同的挡位;换挡执行机构的作用是控制挡位的变换。

(二)行星齿轮变速系统的拆卸

1. 丰田 A340E 型自动变速器行星齿轮变速系统的拆卸

丰田 A340E 型自动变速器行星齿轮变速系统的分解图如图1-3-18所示,其拆卸步骤如下。

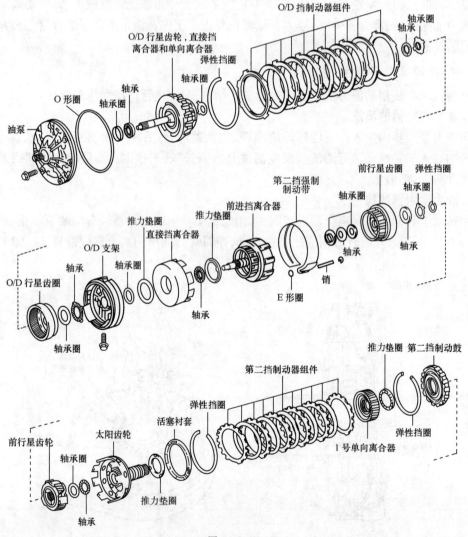

图 1-3-18

单元一 传 动 系

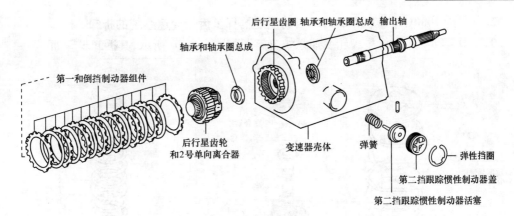

图1-3-18 丰田A340E型自动变速器行星齿轮变速系统的分解图

（1）从自动变速器最前端拆下油泵。

（2）取出超速挡行星齿轮架、超速挡齿圈以及超速挡离合器组件。

（3）拆卸超速挡制动器。拆下超速挡制动器弹性挡圈，取出制动器摩擦片和钢片；拆下超速挡制动鼓卡环，拧下变速器壳体上的固定螺栓，用拉器拉出制动鼓。

（4）拆卸2挡强制制动带活塞。从变速器外壳上拆下2挡强制制动带液压缸缸盖卡环，用手指按住液压缸缸盖，从进油口吹入压缩空气，将液压缸缸盖和活塞推出，如图1-3-19所示。

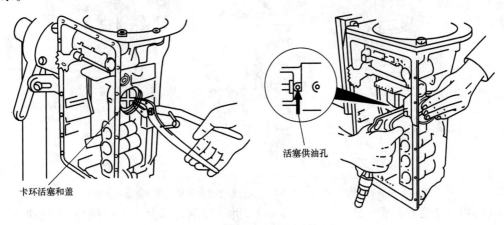

图1-3-19 拆卸2挡强制制动带活塞

（5）取出中间轴、倒挡离合器及前进挡离合器组件。

（6）拆下2挡制动带销轴，取出制动带。

（7）拆出前行星排。取出前齿圈，翻转自动变速器，用输出轴支承变速器的质量（输出轴下要垫上木块），拆掉行星齿轮卡环，取出行星齿轮组件。

（8）取出太阳轮组件和低挡单向离合器。

（9）拆下2挡制动器卡环，取出2挡制动器组件及活塞衬套。

（10）拆出输出轴、后行星排、前进单向离合器、低挡及倒挡制动器、2挡制动鼓等组件。

拆卸行星齿轮变速系统时将所有零件按序摆放，要特别注意各个推力轴承、推力垫片和单向离合器的位置和方向，绝对不能错乱。

2. 桑塔纳 2000GSi AT 轿车 01N 自动变速器行星齿轮变速系统的拆卸

01N 型自动变速器行星齿轮变速系统分解图如图 1-3-20 所示,其拆卸步骤如下。

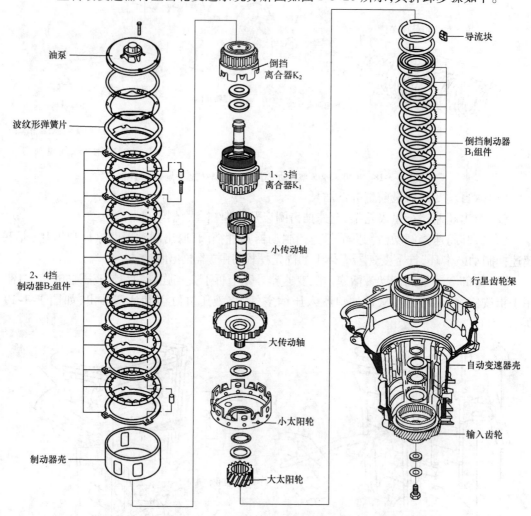

图 1-3-20　桑塔纳 2000GSi AT 轿车 01N 自动变速器行星齿轮变速系统的拆卸

(1) 将自动变速器壳体装油泵的一端朝上,拆下油泵壳体上一周的螺栓,再用两个 M8 螺栓均匀地拧入油泵螺纹孔内,把油泵从变速器壳体内顶出,如图 1-3-21 所示。

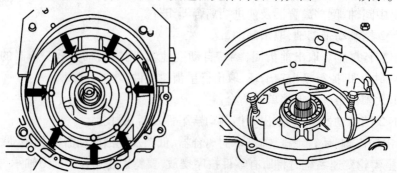

图 1-3-21　拆卸油泵

(2)拆掉推力环和调整垫片,取出 2、4 挡制动器 B_2 组件。

(3)取出倒挡离合器 K_2 组件,取出 1、3 挡离合器 K_1 组件。

(4)依次取出小传动轴、大传动轴、大太阳轮、小太阳轮等元件。

(5)拆出自由轮和倒挡制动器 B_1 组件。

(6)取出行星架,拆掉输出齿轮。

(三)行星齿轮机构

1. 行星齿轮机构的组成

行星齿轮机构的组成如图 1-3-22 所示,它由太阳轮、齿圈、行星架和行星齿轮组成。这样一套行星齿轮机构称为一个行星排,太阳轮、齿圈、行星架是行星齿轮机构的 3 个基本元件。行星齿轮空套在行星架的行星齿轮轴上,既可以绕行星齿轮轴自转,又可以随行星架绕太阳轮公转。

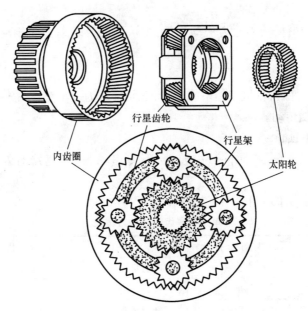

图 1-3-22 行星齿轮的组成

在实际的自动变速器中,多采用 2~3 个行星排的组合来实现多挡位传动。根据行星排的组合特点不同,目前汽车上自动变速器的行星齿轮变速系统有辛普森式(Simpson)和拉维奈赫式(Ravigheaux)两种。

2. 行星齿轮机构的工作原理

单排行星齿轮机构三个基本元件中的任意一个锁止,另外两个元件中的一个做主动件、一个做从动件,即可以构成一定的传动比。

下面分析行星齿轮机构不同元件锁止,得到不同传动比的情况。

1)锁止太阳轮

锁止太阳轮后有两种情况:

(1)内齿圈为主动元件,行星架为从动元件,主从动元件同向转动,传动比大于 1,为减速传动;

(2)行星架为主动元件,内齿圈为从动元件,主从动元件同向转动,传动比小于1,为增速传动。

2)锁止内齿圈

锁止内齿圈后有两种情况:

(1)太阳轮为主动元件,行星架为从动元件,主从动元件同向转动,传动比大于1,为减速传动;

(2)行星架为主动元件,太阳轮为从动元件,主从动元件同向转动,传动比大于1,为增速传动。

3)锁止行星架

锁止行星架有两种情况:

(1)太阳轮为主动件,内齿圈为从动元件,主从动元件转动方向相反,传动比大于1,为减速传动;

(2)内齿圈为主动元件,太阳轮为从动元件,主从动元件转动方向相反,传动比小于1,为增速传动。

4)连接任意两元件

连接任意两个元件后,行星齿轮不能自转,三元件成为一个整体,按相同的转速转动,传动比等于1,为直接挡传动。

5)任何元件都不锁止

若任何元件都不锁止,各元件自由转动,不传递动力,变速器对外没有输出,此时为空挡。

以上传动情况可简单地用表1-3-1表示。

单排行星齿轮传动方案表　　　　　　　　　　　　　表1-3-1

	锁止元件	主动元件	从动元件	传动比	方向
1	太阳轮	内齿圈	行星架	>1	同向
2		行星架	内齿圈	<1	同向
3	内齿圈	太阳轮	行星架	>1	同向
4		行星架	太阳轮	<1	同向
5	行星架	太阳轮	内齿圈	>1	反向
6		内齿圈	太阳轮	<1	反向
7	任意两元件连接			=1	同向
8	不锁止任何元件			不传递动力	

(四)换挡执行机构

换挡执行元件有换挡离合器(C)、换挡制动器(B)和单向离合器(F),它们的作用是连接、锁止和单向锁止行星齿轮机构中的基本元件,实现传动比和传动方向的变化。

1.换挡离合器

自动变速器中的换挡离合器为多片湿式离合器,它由离合器鼓、离合器活塞、复位弹簧、主动摩擦片、从动摩擦片、离合器毂、密封圈等零件组成,如图1-3-23所示。

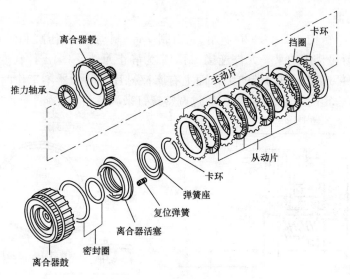

图 1-3-23 多片湿式离合器

离合器活塞安装在离合器鼓内。主动片上有外花键齿,安装在离合器鼓的内花键槽上;从动片上有内花键,安装在离合器毂的外花键槽上。主从动片均可沿各自的花键槽做轴向移动。从动片一般有 2~6 片,主动片数量等于或多于从动片。离合器装配后,主、从动片间隔排列。

换挡离合器的工作原理如图 1-3-24 所示,当活塞左侧的液压缸内无油压时,活塞在复位弹簧的作用下位于最左端,离合器主、从动片之间无压紧力,离合器处于分离状态。当油缸内充满液压油时,活塞在油压的作用下,克服复位弹簧弹力右移,使主、从动片压紧,离合器处于接合状态。液压油受相应控制阀的控制。

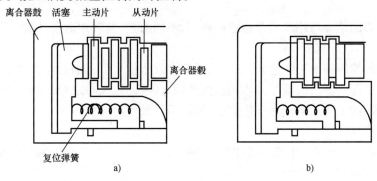

图 1-3-24 离合器工作原理
a)分离;b)接合

离合器活塞上设有单向球阀,如图 1-3-25 所示。当离合器接合时,球阀在油压作用下压紧在阀座上,保证油缸的密封;当离合器分离时,球阀在离心力作用下离开阀座,油缸内油压迅速下降,使离合器彻底分离。

2. 换挡制动器

换挡制动器的作用是锁止行星排中的某一基本元件。常用的制动器有带式和片式两种。

1）带式制动器

带式制动器的结构如图 1-3-26 所示，它由制动带、制动鼓、液压缸和活塞组成。制动鼓为旋转元件，与行星排中的某一元件连接；制动带为静止元件，一端支撑在变速器壳体上，另外一端与活塞顶杆连接。制动带的工作面上有摩擦衬片。制动器不工作时，制动带与制动鼓之间应保持有一定的间隙，此间隙可通过调整螺钉来调节。

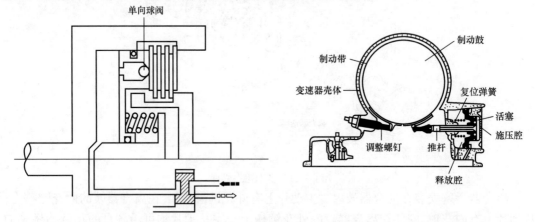

图 1-3-25 离合器活塞上单向球阀　　　　图 1-3-26 带式制动器

当油缸内无液压油时，活塞在复位弹簧的作用下位于油缸最右侧，制动带放松，制动器不起作用，制动鼓随连接元件一同旋转。当受控制阀控制的液压油进入油缸后，活塞在油压作用下克服复位弹簧弹力向左移动，推动顶杆将制动带束紧，与制动鼓相连的元件被锁止而停止旋转，此时制动器处于制动状态。解除制动后，液压油回流，顶杆随活塞复位，制动带被松开，制动器转为释放状态。

2）片式制动器

片式制动器的结构与片式离合器结构相似，不同的是，其钢片通过外齿与自动变速器壳体连接。

当受控制阀控制的液压油进入油缸后，活塞在液压作用下压缩复位弹簧右移，使钢片和摩擦片压紧在一起。制动鼓因与壳体相连而被固定，制动鼓及与之相连的元件被锁止。

片式制动器的工作平顺性优于带式制动器，但其轴向尺寸较大。

3. 单向离合器

单向离合器对所连接元件起单向连接或锁止作用。自动变速器中常用的单向离合器有滚柱式和楔块式两种。

1）滚柱式单向离合器

滚柱式单向离合器的结构如图 1-3-27 所示，它由外圈、滚柱弹簧和内圈组成。

工作过程中，当单向离合器的外圈相对于内圈逆时针方向转动时，滚柱在外圈带动下压缩弹簧移向楔形槽的大端，单向离合器内、外圈可以自由转动。当单向离合器的外圈相对于内圈顺时针方向转动时，滚柱在外圈带动及弹簧弹力作用下楔入楔形槽的小端，单向离合器锁止，内、外圈被连为一体，两者以相同的转速转动或被锁止，元件被制动。

2）楔块式单向离合器

楔块式单向离合器的结构如图 1-3-28 所示，它由外圈、楔块、内圈、保持架等零部件组成。

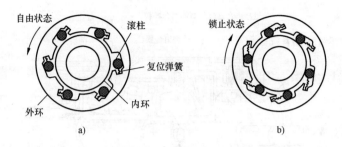

图 1-3-27 滚柱式单向离合器
a)自由状态；b)锁止状态

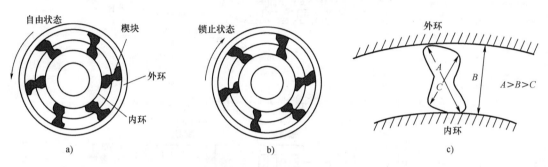

图 1-3-28 楔块式单向离合器
a)自由状态；b)锁止状态；c)楔块尺寸

工作过程中，当单向离合器的外圈相对于内圈以逆时针方向转动时，楔块被推动而倾斜，内、外圈可以自由转动。当单向离合器的外圈相对于内圈以顺时针方向转动时，楔块被推动而立起，卡在内、外圈之间，单向离合器锁止，内圈和外圈连为一体。

（五）辛普森式行星齿轮变速系统

1. 辛普森式行星齿轮机构的特点

如图 1-3-29 所示，辛普森式行星齿轮机构前后两个行星排的太阳轮连为一个整体，即共用太阳轮；前行星排的行星架与后行星排的齿圈相连作为自动变速器的输出轴。

2. 辛普森式三挡行星齿轮变速系统

辛普森式三挡行星齿轮变速系统的结构见图 1-3-29，其中设置了 5 个换挡执行元件：离合器 C_1 和 C_2，制动器 B_1 和 B_2，单向离合器 F。各换挡执行元件的功能见表 1-3-2，各挡位时换挡执行元件的工作情况见表 1-3-3。

辛普森式三挡行星齿轮变速系统换挡执行元件功能表　　　表 1-3-2

元　件　名　称	元　件　功　能
倒挡离合器 C_1	连接输入轴和太阳轮组件
前进离合器 C_2	连接输入轴和前齿圈
2 挡制动器 B_1	锁止前后太阳轮组件
低/倒挡制动器 B_2	锁止后行星架
单向离合器 F	锁止后行星架，使之不能逆时针转动

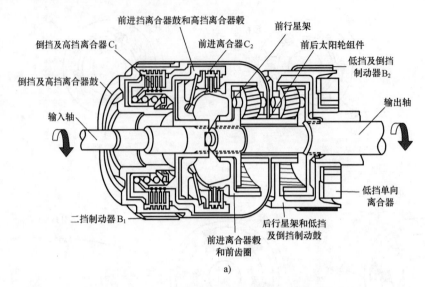

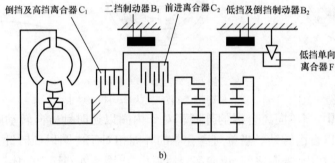

图 1-3-29　辛普森式三挡行星齿轮系统
a) 结构图；b) 结构简图

辛普森式三挡行星齿轮变速系统换挡执行元件工作表　　　表 1-3-3

变速杆位置	挡　位	C_1	C_2	B_1	B_2	F
R	倒挡	○			○	
N	空挡					
D	1		○			○
D	2		○	○		
D	3	○	○			
2	1		○		○	
2	2		○	○		
1	1		○		○	

注：○——表示换挡执行元件处于工作状态。

各挡位动力传递路线如下：

（1）变速杆在"R"位时为倒挡，倒挡离合器 C_1 接合，输入轴与太阳轮连接，制动器 B_2 起作用，后行星架被锁止，后排太阳轮驱动后排齿圈逆时针转动。动力经后排齿圈输出，输出轴与输入轴旋转方向相反，实现倒车。

(2)变速杆在"N"位时为空挡,所有换挡执行元件均不工作,输入轴空转,自动变速器向外不传递动力。

(3)变速杆在"D"位时,自动变速器在1、2、3挡之间变换,即1⟷2⟷3:

①D位1挡:前进离合器C_2接合,输入轴与前排齿圈连接,单向离合器F锁止,后排行星架被锁止,动力分两路传递,如图1-3-30所示。前排齿圈驱动前排行星架顺时针转动,将动力传至输出轴;同时,太阳轮被带动逆时针转动,由于单向离合器已经将后排行星架锁止,太阳轮驱动后排齿圈顺时针转动,将动力传至输出轴。即D位1挡时,前排行星架与后排齿圈同时输出动力。

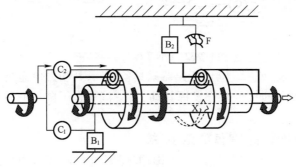

图1-3-30 D位1挡动力传递路线

在D位1挡,由于单向离合器F的作用,动力只能单向传输,没有发动机辅助制动作用。

②D位2挡:前进离合器C_2接合,输入轴与前排齿圈连接,2挡制动器B_1工作,太阳轮被锁止。此时,后行星排不工作,动力传递路线如图1-3-31所示。前排齿圈驱动前排行星架顺时针转动,动力经前行星架输出。

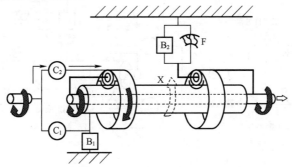

图1-3-31 D位2挡动力传递路线

在D位2挡,由于2挡制动器B_1的作用,动力可以双向传递,具有发动机辅助制动作用。

③D位3挡:前进离合器C_2接合,输入轴与前排齿圈连接;倒挡离合器C_1接合,输入轴与太阳轮连接,如图1-3-32所示。此时,前行星排连为一体,动力直接由前行星排传递到输出轴,为直接挡。

在D位3挡,动力可以双向传递,具有发动机辅助制动作用。

(4)变速杆在"2"位(或"S"位)时,变速器只能在1、2挡之间变换,即1⟷2。

①2位1挡:前进离合器C_2接合,输入轴与前齿圈连接,低/倒挡制动器B_2锁止后行星架,动力传递路线与D位1挡相同。但由于低/倒挡制动器B_2的作用,动力可以双向传递,

即2位1挡具有发动机辅助制动作用。

②2位2挡:与D位2挡动力传动路线相同。

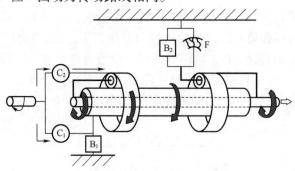

图1-3-32　D位3挡动力传递路线

(5)变速杆在"1"位(或"L"位),变速器只具备1挡,其动力传递路线同2位1挡。汽车在上陡坡或不良路面行驶时,可充分发挥其动力性;汽车在下陡坡时,可充分利用发动机的制动作用,使汽车减速。

3. 三行星排四挡辛普森行星齿轮变速系统

丰田皇冠3.0所用的A340E型及国产BJ2021A6(北京切诺基)所用的AW-4型自动变速器采用了三行星排四挡行星齿轮变速系统,其结构如图1-3-33所示。该结构是在辛普森式三挡行星齿轮变速机构的基础上加入一个超速行星排和相应的换挡执行元件改进而来的。其各换挡执行元件的功能及各挡位换挡执行元件的工作情况分别见表1-3-4和表1-3-5。

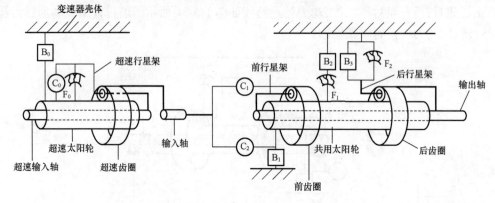

图1-3-33　三行星排四挡行星齿轮变速系统

C_0-超速挡离合器;C_1-前进挡离合器;C_2-倒挡离合器;B_0-超速挡制动器;B_1-2挡强制制动器;B_2-2挡制动器;B_3-倒挡制动器;F_1-2挡单向离合器;F_2-1挡单向离合器

三行星排四挡行星齿轮变速系统换挡执行元件功能表　　表1-3-4

元件名称	元件功能
超速挡离合器 C_0	连接超速挡太阳轮及行星架
超速挡制动器 B_0	锁止超速太阳轮
超速挡单向离合器 F_0	单向连接超速挡太阳轮及行星架
前进挡离合器 C_1	连接输入轴与前排齿圈
倒挡离合器 C_2	连接输入轴与前后太阳轮组

续上表

元件名称	元件功能
2挡强制制动器 B_1	锁止前后太阳轮组
2挡制动器 B_2	与 F_1 串联,锁止前后太阳轮组
低/倒挡制动器 B_3	与 F_2 并联,锁止后排行星架
2挡单向离合器 F_1	B_2 工作时,单向锁止前后太阳轮组
1挡单向离合器 F_2	单向锁止后排行星架

三行星排四挡行星齿轮变速系统换挡执行元件工作表　　　　表1-3-5

变速杆位置	挡位	C_0	C_1	C_2	B_0	B_1	B_2	B_3	F_0	F_1	F_2
P	驻车	○									
R	倒挡	○		○				○	○		
N	空挡	○									
D	1挡	○	○						○		○
D	2挡	○	○				○		○	○	
D	3挡	○	○	○			○		○		
D	4挡		○	○	○		○				
2	1挡	○	○						○		○
2	2挡	○	○			○	○		○	○	
2	3挡	○	○	○			○				
L	1挡	○	○					○			○
L	2挡	○	○				○			○	

注：○——换挡执行元件处于工作状态。

各挡位动力传递路线如图1-3-34所示。

(六) 行星齿轮变速系统的检修

1. 行星齿轮的检修

(1)检查太阳轮、行星齿轮、齿圈的齿面,如有磨损或疲劳脱落,应更换行星齿轮机构总成。

(2)行星齿轮架应无裂纹、变形,否则更换行星齿轮总成。

2. 离合器和制动器的检修

离合器和片式制动器的结构基本相同,区别在于制动器是将行星齿轮机构的基本元件与变速器壳体相连,两者的检修内容是一致的。

(1)检查离合器或制动器的主从、动摩擦片,如有烧焦、表面粉末冶金层脱落、变形等,应更换。有些自动变速器的摩擦片上印刷有号码,如果号码部分已经磨掉,应更换摩擦片。也可以用千分尺测量离合器或制动器的主从、动片的厚度,若小于规定值,则应更换。

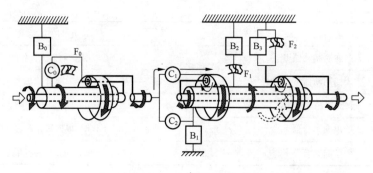

a)

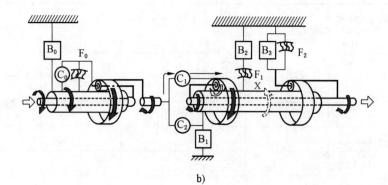

b)

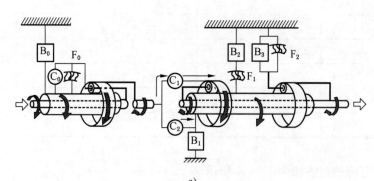

c)

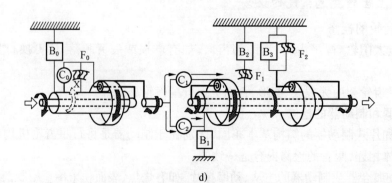

d)

图 1-3-34

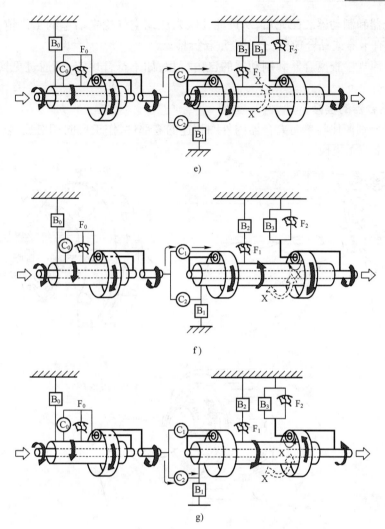

图 1-3-34 三行星排四挡行星齿轮变速系统各挡位动力传递路线

a)D 位 1 挡、2 位 1 挡动力传递路线(无发动机制动作用);b)D 位 2 挡动力传递路线(无发动机制动作用);c)D 位 3 挡、2 位 3 挡动力传递路线(具有发动机制动作用);d)D 位 4 挡(OD 挡)动力传递路线(具有发动机制动作用);e)2 位 2 挡、L 位 2 挡动力传递路线(具有发动机制动作用);f)L 位 1 挡动力传递路线(具有发动机制动作用);g)R 位动力传递路线

（2）检查制动带的工作表面,如有烧焦、表面粉末冶金层脱落、变形等,应更换制动带。

3. 离合器和制动器的装配

在装配离合器和制动器之前,将所有零件用有机溶剂清洗干净,用压缩空气吹净油道和单向阀孔。按照分解的相反顺序进行组装,装配时注意以下事项:

（1）装配前应在所有零件的表面上涂上变速器油或工业凡士林进行润滑。

（2）摩擦片和制动带更换时,应将新的摩擦片和制动带放在干净的变速器油中浸泡至少 15min 后安装。

（3）确认所有的零件安装到位。

（4）摩擦片和钢片要按拆卸时的顺序交错排列。有碟形环的离合器和制动器,应将碟形环与活塞接触,凹面朝向摩擦片。

（5）离合器和制动器装配完后，从进油孔吹入压缩空气检查活塞的工作情况，活塞应该平稳移动，没有卡滞或黏合现象，否则应重新拆检。

（6）用厚薄规检查离合器和制动器的自由行程，如不符合规定，可通过更换不同厚度的挡圈进行调整。

4. 单向离合器的检修

（1）用手分别握住与单向离合器内外圈相连的零部件，作正反向相对旋转（图1-3-35）。检查，工作异常应予更换。

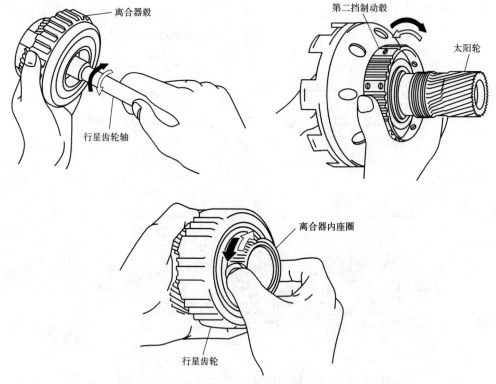

图1-3-35　检查单向离合器

（2）检查滚柱或楔块，如有疲劳脱落以及烧蚀，应更换单向离合器。

（3）检查保持架应无变形，否则更换。

（4）单向离合器装配前应在工作表面涂以变速器油，并确认单向离合器的锁止方向正确。

五、液压控制系统

（一）液压控制系统的组成

自动变速器中液压控制系统的作用是产生液压，切换液压通道，控制液压油的流向，以实现对变矩器和换挡执行元件的控制，并对机件进行润滑。液压控制系统的工作原理如图1-3-36所示。

液压控制系统由油泵、阀体、减振器及相应的液压通道组成，液压控制系统中的工作介质是变速器油（ATF）。

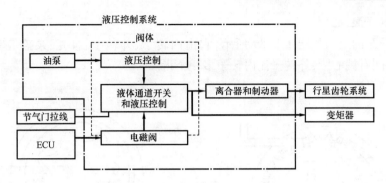

图 1-3-36　液压控制系统的工作原理

（二）油泵

1. 油泵的分解

油泵的分解如图 1-3-37 所示,其步骤如下：

（1）拆卸油泵壳 O 形密封圈。

（2）拆卸油泵密封环和油泵油封。

（3）拆卸泵壳与泵盖间的连接螺栓,从泵壳上取出从动齿轮和驱动齿轮。

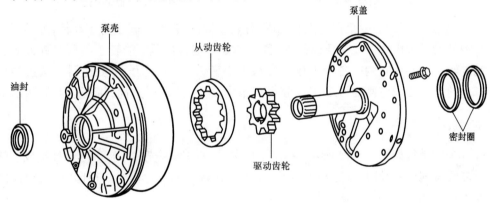

图 1-3-37　分解油泵

2. 油泵的结构与工作原理

油泵的作用是为整个系统提供液压油。油泵安装在变速器壳体内,由变矩器壳驱动。只要发动机运转,油泵就工作。自动变速器常用的油泵有内啮合齿轮泵、摆线转子泵和叶片泵三种类型。

1）内啮合齿轮泵

内啮合齿轮泵的结构见图 1-3-37,它由泵壳、泵盖、从动齿轮和驱动齿轮等零部件组成。在泵壳内腔有一月牙形隔板将驱动齿轮和从动齿轮之间的工作腔分为吸油腔和泵油腔,两腔互不相通。泵壳上有进、出油口,如图 1-3-38 所示。

发动机运转时,液力变矩器壳体后端的轴套带动驱动齿轮和从动齿轮一起旋转。在吸油腔,驱动齿轮和从动齿轮不断退出啮合,容积不断增大,产生吸力,将变速器油从吸油口吸入;随着齿轮的旋转,变速器油被带到泵油腔;在泵油腔,驱动齿轮与从动齿轮不断进入啮合,容积不断减小,变速器油以一定压力通过出油口泵出。

2)摆线转子泵

摆线转子泵的结构如图 1-3-39 所示,它由内转子、外转子、泵壳、泵盖等零部件组成。内、外转子之间有偏心距,外转子比内转子多一个齿。

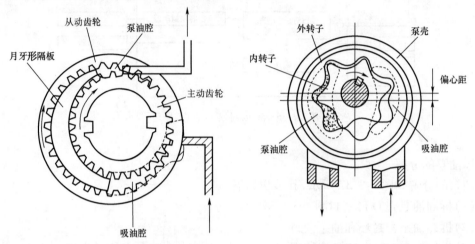

图 1-3-38　内啮合齿轮泵工作原理　　　　图 1-3-39　摆线转子泵

发动机运转时,液力变矩器外壳驱动内、外转子同向转动,内转子为主动件,外转子为从动件。内外转子的齿廓保证在任何位置,各齿均处于啮合位置。当转子沿顺时针方向转动时,内、外转子中心线右侧的各个工作腔容积由小变大,产生吸力,将变速器油从进油口吸入;内、外转子中心线左侧的各个工作腔容积由大变小,使油压升高,将变速器油从出油口泵出。

3)叶片泵

叶片泵的结构如图 1-3-40 所示,它由定子、转子、叶片、泵壳和泵盖等零部件组成。转子与定子之间有偏心距,叶片既随转子转动,又可以在转子的叶片槽内沿径向滑动,相邻两叶片之间形成工作腔。

当发动机转动时,液力变矩器外壳驱动转子旋转,叶片在离心力作用下紧靠在定子内表面。在进油口侧,工作腔容积变大,产生吸力,将变速器油从进油口吸入;在出油口侧,工作腔容积减小,变速器油压力升高,从出油口泵出。

目前,汽车自动变速器多使用变量叶片泵。当油泵转速低时,定子与转子之间偏心距增大,泵油量增加;当油泵转速高时,定子与转子之间偏心距减小,泵油量减小。

3. 油泵的检修

在专用设备上检查油泵的泵油量和泵油压力,不符合标准时应予更换

4. 油泵装配

(1)更换所有油封和密封圈,并涂上变速器油。

(2)将驱动齿轮和从动齿轮涂上变速器油装入泵壳。

(3)组装泵壳和泵盖,拧紧连接螺栓。

(4)安装油泵油封、密封环和油泵壳 O 形密封圈。

(5)把油泵安装在液力变矩器上,转动油泵,检查齿轮是否平稳转动,如图 1-3-41 所示。

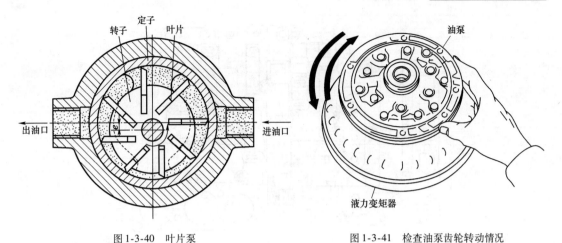

图1-3-40 叶片泵　　　　　图1-3-41 检查油泵齿轮转动情况

(三) 阀体

1. 阀体的分解

丰田皇冠3.0所用A340E型自动变速器阀体的分解步骤如下：

(1) 拆卸双片式锁止弹簧，如图1-3-42所示。

(2) 拆卸手动阀，如图1-3-43所示。

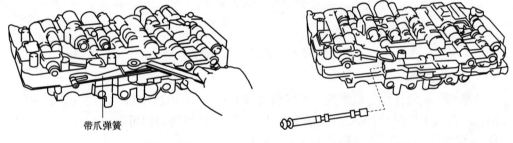

图1-3-42 拆卸阀体弹簧　　　　图1-3-43 拆卸手动阀

(3) 拆卸上、下阀体的连接螺栓，将上、下阀体分离，取下隔板和密封垫。阀体连接螺栓的分布如图1-3-44所示。

(4) 分解上阀体，取出上阀体所有阀、阀套、弹簧、油滤网等零件，如图1-3-45所示。

(5) 分解下阀体，拆下3个电磁阀，取出下阀体所有阀、阀套、弹簧、油滤网等零件，如图1-3-46所示。

2. 阀体的结构

阀体是若干个控制阀的组合体，用于控制和切换换挡执行元件液压回路的工作压力。不同的自动变速器，其阀体的结构有所不同，但其功能都是一样的。在阀体和隔板上设置有若干油道和通孔、阀孔和阀座，阀体内安装有手动阀、主油路调压阀、节气门阀、换挡阀、锁止继动阀、强制降挡阀、蓄能器控制阀、电磁阀等控制阀。

1) 手动阀

手动阀由变速杆控制，其工作原理如图1-3-47所示。当变速杆处于不同位置时，手动阀位于相应的位置，来自主油路的变速器油流向不同的工作回路，使自动变速器处于不同的挡位状态。

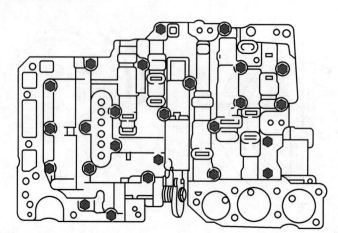

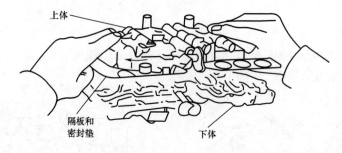

图1-3-44　拆卸阀体连接螺栓

2）主油路调压阀

主油路调压阀的作用是根据发动机的负荷，调整流向离合器和制动器的变速器油压力。在发动机高负荷工作时，它可提高主油路压力，使离合器和制动器可靠接合；在发动机低负荷工作时，降低主油路压力，使离合器和制动器接合平顺。

3）节气门阀

节气门阀的作用是产生与节气门开度成正比的节气门油压，与速控阀产生的速控油压共同控制换挡阀，实现自动换挡。

4）换挡阀

换挡阀的作用是变换液压油道的控制换挡执行器的工作。换挡阀的动作由换挡电磁阀控制。

5）锁止继动阀

锁止继动阀控制进入液力变矩器中锁止离合器的变速器油流量，控制锁止离合器的接合与分离。

6）强制降挡阀

强制降挡阀是一个油路转换阀，用于节气门全开或接近全开时，强制地使自动变速器降低一个挡位，以获得良好的加速性能。

7）蓄能器

蓄能器主要用于缓和离合器和制动器动作时的冲击，如图1-3-48所示。

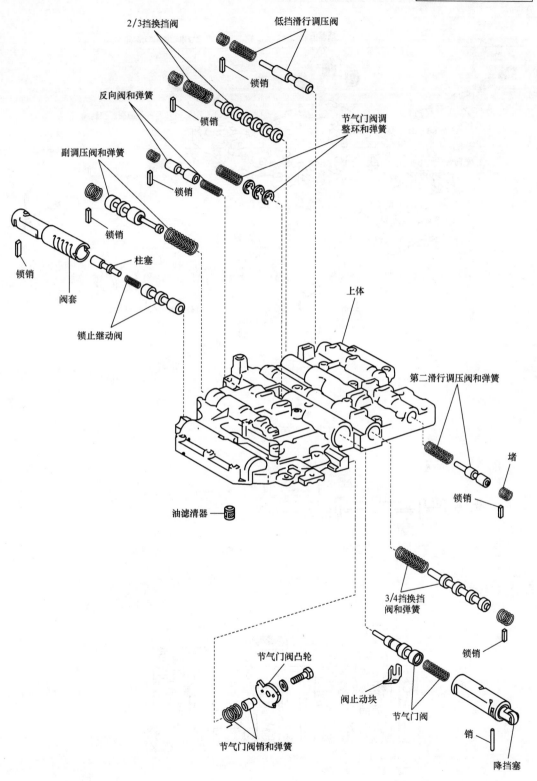

图 1-3-45 分解上阀体

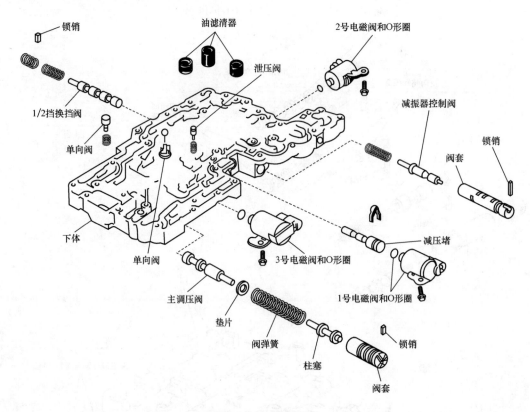

图 1-3-46 分解下阀体

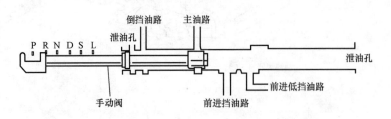

图 1-3-47 手动阀工作原理

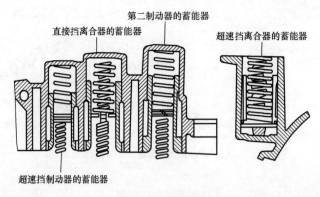

图 1-3-48 蓄能器

3. 阀体的检修

阀体部分工作异常时,可用压缩空气疏通油道,疏通无效,应予更换。

六、电子控制系统

1. 电子控制系统的组成

自动变速器的电子控制系统由传感器及各种开关、ECU(电控单元)、执行器3部分组成,如图1-3-49所示。

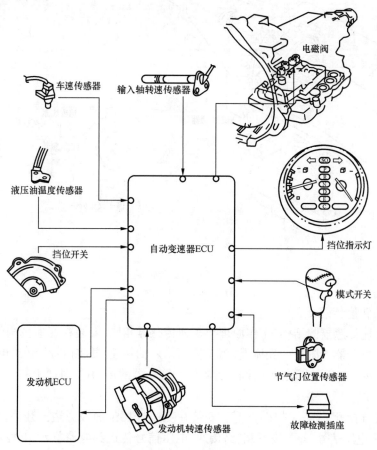

图1-3-49 自动变速器电子控制系统的组成

电控单元接收有关传感器和控制开关传送来的发动机转速、车速、节气门开度、汽车运行模式等电信号进行计算处理,与设定的换挡程序比较后,向执行器发出指令,操纵液压控制系统中各种控制阀的动作,实现挡位的自动变换。

2. 传感器及开关

1)转速传感器、节气门位置传感器及温度传感器

发动机转速传感器、节气门位置传感器、发动机冷却液温度传感器等与发动机共用。

2)变速器油温传感器

变速器油温传感器与发动机冷却液温度传感器的结构和工作原理相同,它安装在变速器底部阀体上,用于检测变速器油的工作温度。

3) 车速传感器

车速传感器的结构如图1-3-50所示,它由永久磁铁、电磁感应线圈组成,安装在变速器输出轴附近的壳体上。输出轴转动时,停车锁止齿轮的轮齿靠近和离开传感器,永久磁铁产生的磁通量发生变化,在电磁感应线圈内产生交流脉冲信号。交流脉冲信号的电压频率与车速成正比。电控单元根据交流脉冲信号的频率计算出车速,作为换挡参数。

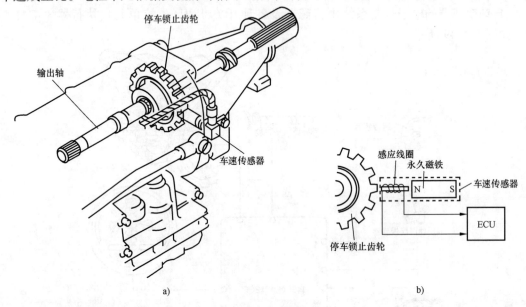

图1-3-50 车速传感器
a)结构;b)工作原理

4) 输入轴转速传感器

输入轴转速传感器的结构、工作原理与车速传感器相同,安装在变速机构的输入轴或与输入轴连接的离合器毂附近的壳体上,用于检测输入轴转速,并将信号传送给电控单元,电控单元将输入轴转速与发动机转速相比较,计算液力变矩器的传动比,对锁止离合器进行控制。

5) 行驶模式选择开关

行驶模式选择开关为一按钮式开关,安装在变速杆挡位面板旁边。开关弹起时,电路断开,电控单元无电压信号;开关按下,电路接通,电压信号传送到电控单元,电控单元根据有无电压信号按不同的换挡规律进行换挡控制。一般车辆有常规(Normal)和动力(Power)两种模式,有些车辆则用经济(Economy)和动力(Power)两种模式表示。汽车在常规或经济模式下行驶时,换挡的转速较低,油耗小;在动力模式下行驶时,换挡的转速较高,具有良好的动力性。

6) 空挡起动开关

空挡起动开关(挡位开关)安装在变速器手动阀摇臂轴上或变速杆的下端,用于判断变速杆的位置,防止发动机在动力挡位时起动。当变速杆位于P位和N位时,起动电路才能接通。另外,当变速杆位于不同位置时,空挡起动开关将变速杆挡位信号传送到ECU,以控制自动换挡,并接通相应的挡位指示灯,向驾驶员提供挡位信息。其工作原理如图1-3-51所示。桑塔纳2000GSi AT轿车01N型自动变速器上的多功能开关除具有上述功能外,还能接通倒车灯、接通或断开巡航控制装置。

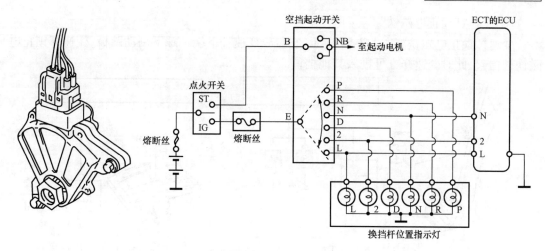

图 1-3-51　空挡起动开关电路

7）强制降挡开关

强制降挡开关安装在加速踏板轴上（图 1-3-52），当节气门全开时，强制降挡开关接通，向 ECU 传送电压信号。ECU 按内设程序使自动变速器降一个挡位。

8）超速挡（O/D）开关

超速挡开关安装在变速手柄上，如图 1-3-53 所示。它为一按钮式开关，控制是否能以超速挡行驶。当变速杆位于 D 位，开关接通时，随着车速的提高，自动变速器可最终升至 4 挡（超速挡）；当开关断开时，自动变速器不能升至超速挡。

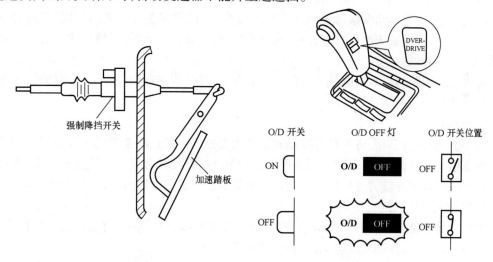

图 1-3-52　强制降挡开关　　　　图 1-3-53　超速挡（O/D）开关

9）制动灯开关

制动灯开关安装在制动踏板支架上，如图 1-3-54 所示。它用以判断汽车是否进入制动状态。当制动踏板踩下，制动灯开关接通，制动信号传送给 ECU，ECU 解除锁止离合器的接合，防止传动系过载。在桑塔纳 2000GSi AT、捷达 AT、别克赛欧 SLX-AT 等轿车上，制动灯开关信号还用于对变速杆锁止电磁铁的控制，踩下制动踏板，变速器锁止电磁铁抬起，才能推动变速杆。

10）变速杆锁止电磁铁

变速杆锁止电磁铁如图1-3-55所示，它位于变速杆下端。踩下制动踏板，变速杆锁止电磁铁被抬起，此时变速杆方可推入其他挡位。

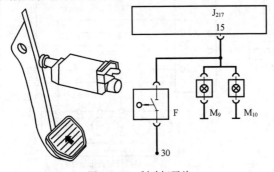
图1-3-54　制动灯开关
M_9-制动灯；M_{10}-尾灯；30-电源

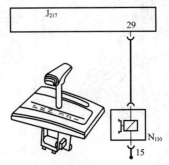
图1-3-55　变速杆锁止电磁铁

3. 电控单元

自动变速器电控单元是整个电子控制系统的中心，由中央处理器（CPU），用于储存程序和数据的存储器（随机存储器 RAM 和只读存储器 ROM），以及与传感器和执行器进行数据交换的输入/输出（I/O）接口3大部分组成。

自动变速器电控单元具有以下功能：

1）换挡正时控制

自动变速器电控单元中存贮有各种运行模式及不同条件下最佳换挡时刻程序曲线。车辆行驶过程中，电控单元根据驾驶员选定的行驶模式，以及车速和节气门开度信号，与设定的程序相比较，选择最佳换挡时刻，控制执行器操纵换挡阀打开或关闭换挡执行元件的液压通道，实现自动换挡。

换挡正时控制的基本依据是节气门开度和车速，其他传感器信号作为修正信号，提高控制的精确性和换挡品质。

2）锁止控制

自动变速器电控单元将各种行驶模式下液力变矩器内锁止离合器的工作方式编程储存在存储器中。依据此程序，电控单元按照车速和节气门开度打开或关闭锁止电磁阀，操纵锁止控制阀改变作用在液力变矩器上锁止离合器的液压通道，使锁止离合器接合或分离。

3）发动机转矩控制

电控单元根据接收到的有关信号，判断自动变速器将要换挡时，向发动机发出指令，暂时延迟点火时刻，以控制发动机输出力矩，减小换挡冲击。

4）故障自诊断

电控单元监测电子控制系统的工作情况，当电子控制系统出现故障时，能将故障以代码的形式存储起来。在维修时，通过故障指示灯（丰田A340E型自动变速器为"O/D OFF"指示灯）的闪烁，输出故障码；或者通过专用解码器从电控单元的存储器中读取故障代码，从而确定故障内容。

5）失效保护功能

电控单元具有备用失效保护系统，它能在电子控制系统发生故障而失效时，使车辆以最基本的状态行驶。

4. 执行器

自动变速器电子控制系统的执行器是电磁阀,根据用途的不同,它可分为开关式电磁阀和脉冲式电磁阀。开关式电磁阀主要用于换挡控制和锁止控制;脉冲式电磁阀用于油压控制和锁止控制。

电磁阀安装在液压控制系统的阀体上,丰田 A340E 型自动变速器有 3 个电磁阀,其中 1 号和 2 号电磁阀为换挡电磁阀,3 号电磁阀为锁止电磁阀;桑塔纳 01N 型自动变速器有 7 个电磁阀(N88～N94),其中 N88、N89、N90 为换挡电磁阀,N91 为锁止电磁阀,N93 控制主油路油压,N92、N94 的作用是使换挡平顺。

1)开关式电磁阀

控制换挡用的是常闭式电磁阀,控制锁止用的是常开式电磁阀。开关式电磁阀的结构如图 1-3-56 所示,它由电磁线圈、衔铁、复位弹簧、阀芯和球阀组成。

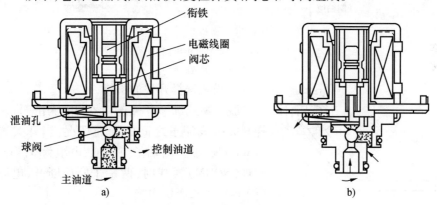

图 1-3-56　开关式电磁阀
a)不通电;b)通电

当电磁阀不通电时,主油路压力将球阀推开,打开进油孔、关闭泄油孔,主油路变速器油进入控制油道;当电磁阀通电时,电磁吸力使阀芯下移,推动球阀关闭进油孔,打开泄油孔泄压,控制油道内的压力为零。

2)脉冲式电磁阀

脉冲式电磁阀的结构如图 1-3-57 所示,它由电磁线圈、衔铁、阀芯或滑阀组成。当电磁阀通电时,电磁吸力使阀芯或滑阀开启,变速器油经泄油孔排出,油路压力下降;当电磁阀断电时,阀芯或滑阀在弹簧力的作用下,将泄油孔关闭,使油路压力升高。脉冲式电磁阀与开关式电磁阀的区别在于控制其工作的电信号不是恒定不变的电压信号,而是一个固定频率的脉冲信号。电磁阀在脉冲信号的作用下,反复开启和关闭泄油孔,电控单元通过改变每个脉冲周期内电流接通和断开的时间比率(即占空比),改变电磁阀开启和关闭的时间比率,从而控制油路压力。占空比越大,经电磁阀泄出的变速器油越多,油路压力就越低;反之,占空比越小,油路压力就越大。

5. 电子控制系统主要零部件的检修

1)车速传感器、输入轴转速传感器的检修

从自动变速器壳上拆下传感器,用万用表测量,如图 1-3-58 所示,传感器接线端子之间的电阻值约为620Ω,若阻值相差过大,应更换传感器。

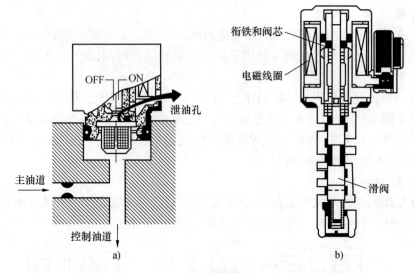

图 1-3-57 脉冲式电磁阀
a)普通型;b)带滑阀型

2)模式选择开关的检修

脱开模式选择开关连接器,用万用表测量模式选择开关接线端子之间的导通情况,当开关置于动力(PWR)模式时,两端子应导通,电阻为0;当开关置于常规(NORM)模式时,两端子间应断开,电阻值为∞(图1-3-59),否则更换。

3)空挡起动开关的检修

拆下空挡起动开关,用万用表检查下列端子间的导通情况(图1-3-60),应符合表1-3-6规定,否则更换。

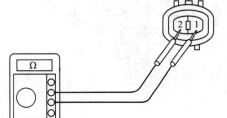

图 1-3-58 检查传感器

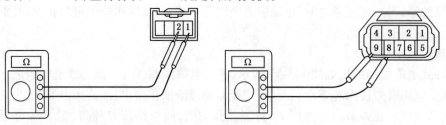

图 1-3-59 检查模式选择开关　　　　图 1-3-60 检查空挡起动开关

空挡起动开关各端子导通情况　　　　表 1-3-6

挡位＼端子	3	2	9	1	4	6	5	7	8
P	○	○	○	○					
R			○		○				
N	○	○	○			○			

续上表

端子 挡位	3	2	9	1	4	6	5	7	8
D			○				○		
2			○					○	
L			○						○

4) 强制降挡开关的检修

脱开强制低挡开关连接器,用万用表测量强制降挡开关接线端子之间的导通情况(图1-3-61)。当踩下加速踏板到节气门全开位置时,两接线端子应导通,阻值为0;放松加速踏板,两接线端子应断开,阻值为∞。

5) 超速挡(O/D)开关的检修

脱开超速挡(O/D)开关连接器,用万用表检测接线端子2与4之间的导通情况(图1-3-62),O/D开关按下时,阻值为∞;O/D开关弹起时,应导通,阻值为0。

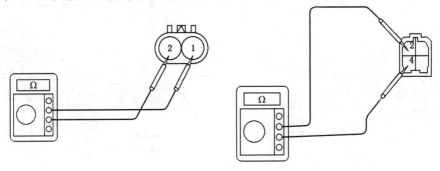

图1-3-61 检查强制降挡开关　　图1-3-62 检查超速挡(O/D)开关

6) 电磁阀的检修

(1) 开关式电磁阀的检修:如图1-3-63所示,用万用表测量电磁阀接线端子与电磁阀壳体之间的电阻,应为11～15Ω;给电磁阀加上工作电压,电磁阀应有工作声音。向电磁阀施加490kPa的压缩空气,检查电磁阀是否有泄漏。如不符合要求,则更换电磁阀。

(2) 脉冲式电磁阀的检修:如图1-3-64所示,用万用表测量电磁阀接线端子1和2之间的电阻,阻值应为3.6～4.0Ω;在蓄电池正接柱串接一只8～10W灯泡,向电磁阀供电,滑阀应向图示方向运动;蓄电池断电,滑阀应反向运动。如不符合要求,则更换电磁阀。

七、自动变速器的装配与使用

(一) 自动变速器的使用

1. 车辆的起动

装有自动变速器的汽车在起动时,要将变速杆置于P位或N位,然后起动发动机。发动机起动后,按常规预热、升温,待冷却液温度及变速器油温达到正常值后再起步。

2. 自动变速器各挡位的功用

自动变速器变速杆的布置如图1-3-65所示。

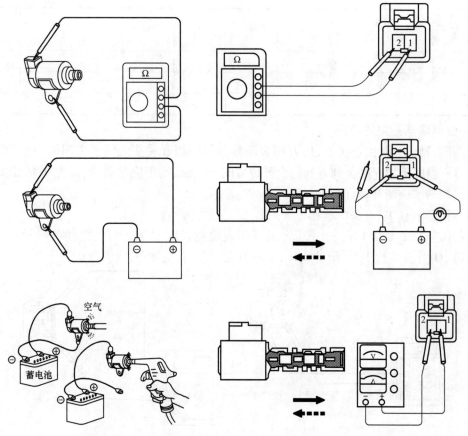

图1-3-63 检查开关式电磁阀　　　　图1-3-64 检查脉冲式电磁阀

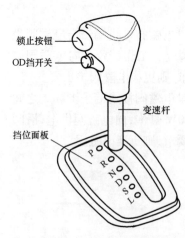

图1-3-65 自动变速器变速杆

P位：停车挡，位于挡位面板最前端。变速杆处于该位置时，自动变速器的输出轴被机械锁止，驱动轮不能转动，防止汽车移动。

R位：倒挡，位于挡位面板第二位。变速杆处于该位置时可倒车。

N位：空挡，位于倒挡和前进挡之间。变速杆位于空挡时，所有换挡执行元件均不工作，行星齿轮机构处于自由状态，变速器向外没有动力输出。

D位：前进挡，位于空挡之后。变速杆位于前进挡时，汽车将会根据发动机转速、车速、节气门开度等条件的变化，在1、2、3、4挡之间自动换挡。

S位和L位：前进低挡。变速杆在S位（有些汽车标注为3位）时，自动变速器在1、2、3挡之间自动变换；变速杆在L位（有些汽车标注为2位或1—2位）时，自动变速器只在1、2挡之间变换。有些自动变速器还有1位，则固定在1挡。前进低挡主要用于不良路面行驶或坡道行驶。

3. 自动变速器控制开关的使用

(1)超速挡开关(O/D 开关):变速杆在 D 位时,打开超速挡开关,自动变速器随车速的提高而升挡,最高可升至 4 挡;关闭超速挡开关,自动变速器只能升至 3 挡,同时仪表板上的"O/D OFF"指示灯点亮。

(2)行驶模式开关:驾驶员可根据个人的驾驶习惯选择行驶模式。在爬坡或超车时选择动力模式,可使汽车获得最大的动力性;在良好路面行驶时选择经济模式,可使汽车获得最佳的经济性;在冰雪路面选择雪地模式,可以避免车辆起步时驱动轮打滑。按下不同的行驶模式开关,即可选择相应的行驶模式。

4. 自动变速器使用注意事项

(1)在将变速杆从 P 位换至其他任何挡位或从其他任何挡位换至 P 位、从任何挡位换至 R 位、按"D 位→S 位→L 位"顺序换挡等任一情况时,必须按下变速杆手柄端部的锁止按钮,方可移动变速杆。

(2)禁止在汽车下坡时空挡滑行。以充分利用发动机进行辅助制动。

(3)当汽车没有完全停稳时,不允许从前进挡换至倒挡,也不允许从倒挡换至前进挡。一定要在汽车停稳后才能将变速杆换至 P 位。

(4)汽车行驶过程中,要根据路况和行驶条件选择合适的挡位,充分发挥自动变速器的性能,不要在任何情况下都采用 D 位行驶。

(5)装有自动变速器的汽车因故障熄火不能行驶时,严禁用其他车辆长距离或高速牵引,否则,会因油泵没有工作而造成零部件烧蚀。

(二)自动变速器的检查与调整

1. 油平面的检查

将汽车停放在平坦的路面上拉紧驻车制动器,起动发动机,运转至发动机冷却液温度和变速器油温达到正常工作温度。在发动机怠速运转状态下,将变速杆从 P、R、N、D、S、L 各位换一遍,并在各位停留几秒钟,最后换至 P 位。拔出油尺擦干净,再将油尺插回,然后拔出油尺检查油平面高度,如图 1-3-66 所示。如果油平面在 HOT 范围内则为正常;如果油平面在下侧,则应加注相同牌号的变速器油。在检查油平面高度的同时可顺带检查油质,如果发现变速器油有焦味或发黑,应更换。

2. 发动机怠速检验

起动发动机并运转至正常工作温度,将变速杆置于 P 位或 N 位,发动机怠速应符合规定。怠速过低,在变速杆从 N 位或 P 位换入任何驱动挡位时,会引起振动,严重的会造成发动机熄火;怠速过高,换挡时有冲击,变速杆置于 D 位或 R 位,不踩加速踏板车辆有"爬行"现象。

3. 节气门拉线的检查和调整

将加速踏板踩到底,让节气门全开。检查节气门拉线挡块和套管端点之间的距离是否为 0~1mm(图 1-3-67)。如不符合规定,可松开套管上的调整螺母进行调整。

4. 变速杆位置的调整

如果变速杆不能准确地换入所选择的挡位或挡位显示器不能正确显示挡位时,应进行该项调整。调整方法如图 1-3-68 所示:松开变速杆与手动阀摇臂之间连杆的连接螺母,将变

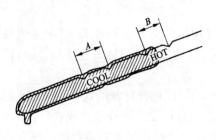
图 1-3-66 自动变速器油平面检查

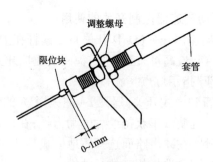
图 1-3-67 节气门拉线的调整

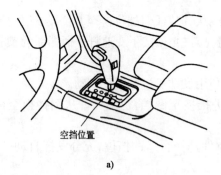
a)

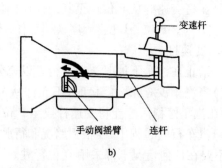
b)

图 1-3-68 变速杆位置的调整

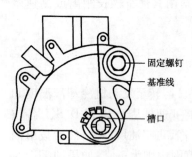
图 1-3-69 空挡起动开关的调整

速杆置于 N 位,将手动阀摇臂推至空挡位置,然后拧紧连接螺母。调整完毕后,起动发动机,确认变速杆从 N 位换入 D 位时,车辆前行,换入 R 位,车辆后退。

5. 空挡起动开关的调整

变速杆在 P 位或 N 位时,发动机才能起动,否则,应进行该项调整。调整方法如图 1-3-69 所示:松开空挡起动开关的固定螺母,将变速杆置于 N 位,将开关轴上的凹槽与空挡基准线对齐,然后拧紧固定螺母。

课题 4　万向传动装置

一、万向传动装置的作用、分类

现代汽车各总成之间通过转轴连接,有些轴线相交、交角又经常变化,其总成之间的连接与力的传递均由万向传动装置来实现。万向传动装置广泛应用于变速器与驱动桥的连接,还可应用在越野车变速器、分动器、驱动桥之间以及转向系统的转向盘与转向器之间。

二、普通万向传动装置

东风 EQ1092 型汽车万向传动装置如图 1-4-1 所示。

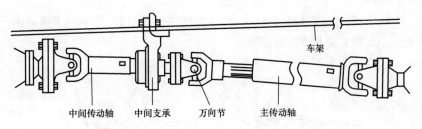

图 1-4-1　东风 EQ1092 型汽车万向传动装置

（一）万向传动装置拆卸

（1）将车辆停放在平坦的场地上，掩好车轮，以免车辆滑溜。

（2）检查总成上装配标记，必要时重做记号。

（3）拆下后传动轴与主减速器凸缘相连的螺栓，拆下后传动轴总成。

（4）拆下前传动轴与驻车制动鼓连接螺母，拆下中间支撑支架与车架横梁的连接螺栓，取下前传动轴总成。

（5）分解滑动叉（图 1-4-2）。拧开滑动叉油封盖，把花键轴从滑动叉中抽出来，取下油封，油封垫和油封盖。

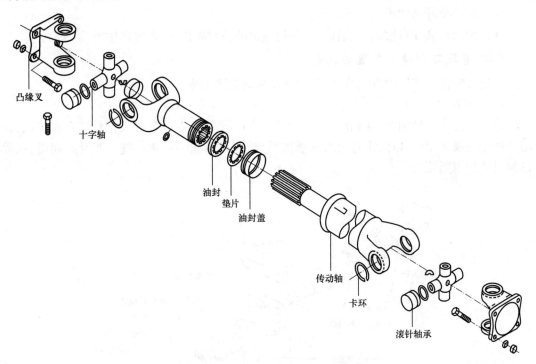

图 1-4-2　滑动叉结构

（6）分解万向节：

①用卡钳取出凸缘叉孔内卡环。

②手托传动轴一端，用手锤敲击凸缘叉外侧，将滚针轴承及轴承座振出，如图 1-4-3a）所示。

③将传动轴转过 180°，用同样方法将凸缘叉上另一滚针轴承振出，并将凸缘叉取下。

④如图1-4-3b)所示,左手抓住十字轴,将传动轴一端抬起,右手用手锤敲击凸缘叉耳根部,将滚针轴承、轴承座及十字轴振出来。

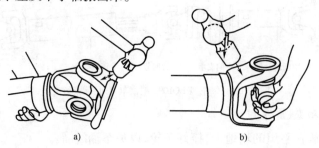

图1-4-3 分解万向节

(7)中间支承分解(图1-4-4):
①拔下开口销,旋下槽形螺母,取下垫圈。
②用手锤轻敲凸缘背面边缘,松动后把凸缘从中间轴花键轴上拔出来。
③在轴承座前端放置一垫板,用手锤轻敲垫板,将整个中间支承从中间花键轴上敲出来。
④把橡胶垫环从轴承座上压出来。
⑤把轴承座夹在台钳上,用铜棒、手锤把两边的油封敲出来,再取出轴承。

(二)普通万向传动装置的组成

普通万向传动装置由万向节、中间支承及传动轴等组成。

1. 万向节

万向节为十字轴刚性万向节,见图1-4-4。它由万向节叉、十字轴及滚针轴承等组成,轴承座用卡环轴向定位,以防止高速时轴承被甩出,通过滑脂嘴对轴承进行润滑脂润滑,橡胶油封可防润滑脂流失。

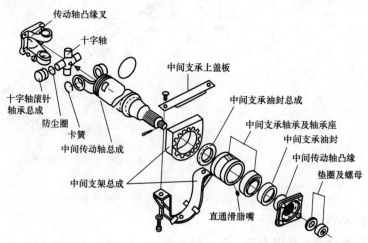

图1-4-4 中间传动轴支承总成

为保证等速传动,传动轴两端的万向节叉必须处于同一平面上,且输入轴与输出轴夹角相等。

2. 中间传动轴及中间支承

为提高传动轴刚度,将传动轴分为前、后两段,前段称为中间传动轴,后段称为后传动轴,两段之间用万向节连接,并通过中间支承吊装到车架上。中间传动轴前端焊有万向节叉,并通过万向节与驻车制动鼓相连;后端焊有花键轴,以安装凸缘,见图 1-4-4。中间支承总成由橡胶垫环、支架、上盖板、油封总成、轴承座和轴承组成。

3. 后传动轴

后传动轴由传动轴和伸缩节组成,如图 1-4-5 所示。后传动轴采用花键套结构,以补偿汽车行驶中传动轴长度的变化。

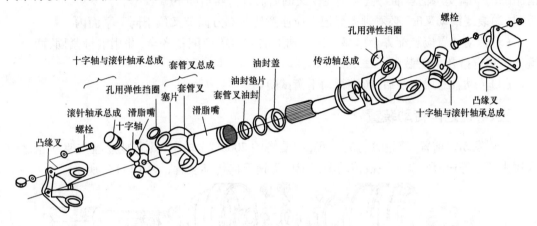

图 1-4-5 后传动轴总成

(三)普通万向传动装置的检修

1. 万向节检修

(1)检查十字轴轴颈表面,若有严重损伤如金属剥落、明显凹陷、滚针轴承油封失效或滚针断裂,均应更换。

(2)检查万向节十字轴与滚针轴承的配合间隙。将十字轴夹在台钳上,滚针轴承座套在十字轴颈上,用百分表抵住轴承座外表面最高点,用手上下推动滚针轴承座,检查如图 1-4-6 所示。配合间隙超过规定极限值时,应予更换。

2. 传动轴及滑动叉的检修

1)传动轴的检修

传动轴表面出现明显凹陷,应予更换。

2)传动轴花键轴、花键套的检修

将传动轴花键轴、滑动叉套合在一起,相对转动,检查有明显啮合间隙可换用新件。

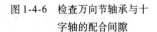

图 1-4-6 检查万向节轴承与十字轴的配合间隙

3. 传动轴中间支承轴承的检修

1)轴承的检修

(1)若发现轴承滚珠、滚道上有烧蚀、金属剥落等现象,应予更换;

(2)将轴承拿在手上空转,轴承转动应轻便灵活;轴向、径向推拉轴承内、外圈,应无明显间隙感,否则,应予更换。

2)中间支承前后油封盖的检修

检查前后油封盖有无明显磨损,支架有无裂损,橡胶环有无腐蚀老化,并视情况予以更换。

(四)普通万向传动装置的装配与注意事项

装配万向传动装置时,按拆卸的相反顺序进行,并要注意以下事项:

(1)装复万向节时,十字轴上滑脂嘴必须朝向传动轴管一方,在十字轴颈、滚针轴承上涂抹少许润滑脂。轴承卡环必须保证进入环槽内。3个十字轴上滑脂嘴应在同一直线上。有滑脂嘴的中间支承轴承油封盖应装在支架的后面且滑脂嘴朝下。

(2)装复滑动叉时,必须对齐标记。应注意使两端万向节叉位于同一平面内。

(3)传动装置应装配齐全可靠。传动轴上的防尘罩应配备齐全,并用卡箍紧固,两只卡箍的锁扣应错开180°装配。

(4)传动轴总成装复后,应进行动平衡试验。

三、等速万向传动装置

采用发动机前置、前轮驱动的汽车,如桑塔纳 2000GSi 轿车,其主减速器与驱动轮之间采用由两个等速万向节和一根传动轴组成的等速万向传动装置,如图 1-4-7 所示。

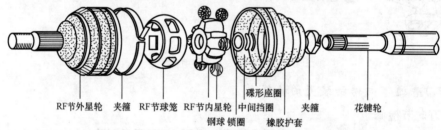

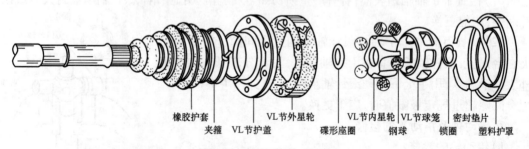

图 1-4-7　等速万向传动装置

(一)等速万向传动装置的拆卸

1. 从车上拆卸传动轴总成

(1)在车轮着地时,旋下传动轴与轮毂间的紧固螺母。

(2)旋下传动轴凸缘上的紧固螺栓,如图 1-4-8 所示。

(3)将传动轴与凸缘分开。

(4)从车轮轴承壳内拉出传动轴,或者利用压力装置 V.A.G1389 拉出传动轴,如图 1-4-9 所示。

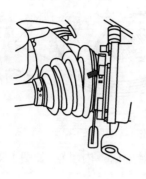
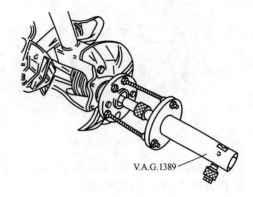

图1-4-8　拆下传动轴凸缘上的紧固螺栓　　　图1-4-9　拉出传动轴

2. 万向节的拆卸

(1)用钢锯将万向节防尘罩上的夹箍锯开,拆下防尘罩,如图1-4-10所示。

(2)用轻金属锤从传动轴上敲下外万向节(RF节),如图1-4-11所示。

图1-4-10　拆下万向节防尘罩　　　图1-4-11　拆卸外万向节

(3)拆卸弹簧锁圈,如图1-4-12所示。

(4)压出内万向节(VL节),如图1-4-13所示。

(5)拆散之前用电蚀笔或油石在钢球球笼和外星轮上标出内星轮的位置。

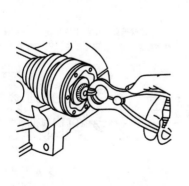
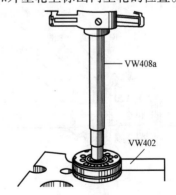

图1-4-12　拆卸弹簧锁圈　　　图1-4-13　拆卸内万向节

3. 外万向节分解(RF节)

(1)旋转内星轮与球笼,依次取出钢球,如图1-4-14所示。

(2)转动钢球笼直到两个方孔(如图1-4-15箭头所示)与外星轮对直,连同外星轮一起拆下球笼。

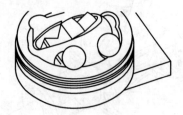 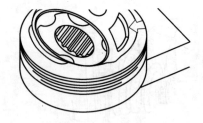

图 1-4-14　取出钢球　　　　图 1-4-15　拆下球笼

（3）把内星轮上扇形齿旋入球笼的方孔，然后从球笼中取下内星轮，如图 1-4-16 所示。

4. 内万向节（VL 节）的分解

（1）转动内星轮与球笼，按图 1-4-17 中箭头所示方向压出球笼里的钢球。

注意：内星轮与壳体是一起选配的，不能互换。

（2）从球槽上面（图 1-4-18）取出球笼里的内星轮。

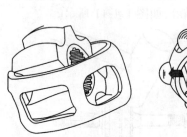 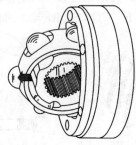 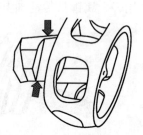

图 1-4-16　取下内星轮　　　图 1-4-17　取出钢球　　　图 1-4-18　取下内星轮

（二）等速万向传动装置组成

如图 1-4-19 所示，带万向节的传动轴总成由外万向节（RF 型外向节）、内万向节（VL 型万向节）及花键轴（即传动轴本体）三部分组成。

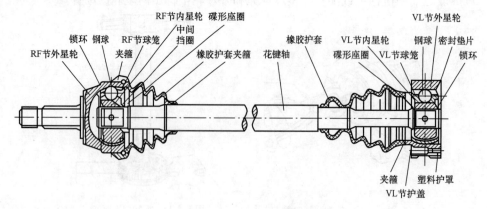

图 1-4-19　传动轴总成

1. 外万向节

外万向节即 RF 型万向节，是轴向不可伸缩的球笼式等速万向节。其特点是摆动角度大，适应独立悬架前轮的跳动，最大摆角可达 47°。它主要由外星轮、球笼、钢球、内星轮等组成。外星轮端部为花键轴，此花键轴与前悬架上前轮毂的花键孔配合。

2. 内万向节

内万向节即 VL 型万向节。它用螺栓与差速器传动轴凸缘相连接,是轴向伸缩型等速万向节,其允许伸缩量为 ±16mm,可以使前轮跳动时轴向长度的变化得到补偿。

3. 花键轴

花键轴的两端均制有花键,它与外万向节及内万向节连接,构成了完整的带万向节的传动轴总成。花键外面镀塑,因此工作时无噪声。

(三)等速万向传动装置的检修

1. 万向节检修

(1)检查外星轮、内星轮、球笼及钢球有无凹陷与磨损。

(2)万向节间隙已经明显过大,应予更换。

2. 防尘罩的检查

防尘罩破裂应予以更换。

3. 传动轴的检修

用百分表检查,传动轴中部的径向跳动应不大于 1.0mm,否则,应予以校正或更换;传动轴轴端花键磨损严重应更换。

(四)等速万向传动装置的装配

1. 内万向节(VL)装配

(1)对准凹槽将内星轮嵌入球笼,内星轮在球笼内的位置无关紧要。

(2)将钢球压入球笼(图 1-4-20),并注入 G6I 润滑脂 90g。

(3)将带钢球与球笼的外星轮垂直装入壳体,如图 1-4-21 所示。

注意:旋转之后,使外星轮上的宽间隔 a 对准内星轮上的窄间隔 b,转动球笼以便嵌入到位,内星轮内径(花键齿)上的倒角必须对准外星轮的大直径端。

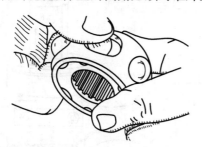 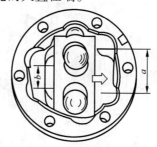

图 1-4-20 将钢球压入球笼　　图 1-4-21 将球笼垂直装入壳体

(4)扭转内星轮,这样内星轮就能转出球笼(图 1-4-22),使钢球与外星轮中的球槽相配合。

(5)用力撤压球笼(如图 1-4-23 中箭头所示),使装有钢球的内星轮完全转入外星轮内。

(6)用手将内星轮在轴向范围内来回推动,如果灵活,表示装配正确。

2. 外万向节(RF 节)装配

(1)用汽油清洗各部件。

(2)用 G6 润滑脂总量的一半(45g)注入万向节内。

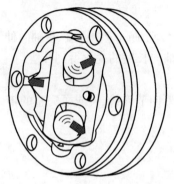
图 1-4-22 将内星轮转出球笼

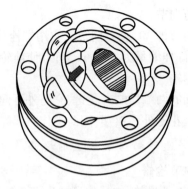
图 1-4-23 使内星轮完全转入外星轮内

（3）将球笼连同内星轮一起装入外星轮中。

（4）对角交替地压入钢球，必须保持内星轮在球笼以及外星轮内的原先位置。

（5）将弹簧锁圈装入内星轮。

（6）将剩余的润滑脂压入万向节。

（7）用手将内星轮在轴向范围内来回推动，检查安装是否正确。

3. 万向传动装置的装配

（1）在传动轴上安装防尘罩。

（2）正确安装碟形座圈，如图 1-4-24 所示。

（3）如图 1-4-25 所示，把内万向节压入传动轴，使碟形座圈贴合，内星轮内径（花键齿）上的倒角必须面向传动轴靠肩。

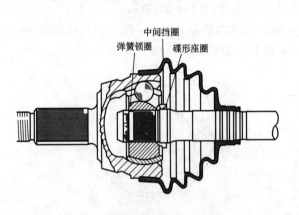
图 1-4-24 碟形座圈和中间挡圈的安装位置

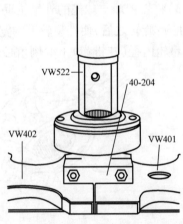
图 1-4-25 把万向节压入传动轴

（4）安装弹簧锁圈。

（5）装上外万向节。

（6）在万向节上安装防尘罩时，防尘罩经常会受到挤压，因而在防尘罩内部会产生一定程度的真空，从而在车辆行驶中会产生一个内吸的折痕（图 1-4-26）。因此，在安装防尘罩小口径之后，要稍微充点气，使压力平衡，不产生皱褶。

（7）用夹箍夹紧防尘罩，如图 1-4-27 所示。

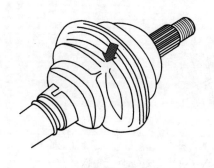
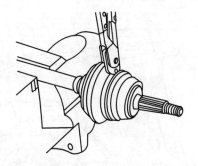

图 1-4-26 防尘罩充气　　　　图 1-4-27 夹紧防尘罩夹箍

4. 传动轴总成装车

（1）擦净传动轴和花键上的油污,涂上锂基润滑脂。

（2）在外万向节（RF 节）的花键上涂一圈 5mm 的防护剂 D6,然后装上传动轴花键套。涂防护剂的传动轴安装后应停车 60min,然后才可使用汽车。

（3）如图 1-4-28 所示,将球头销重新装配在原位置,并拧紧螺母。在安装球头销时不能损坏波纹管护套。

（4）必要时检查前轮外倾角。

（5）车轮着地后,拧紧轮毂固定螺母。

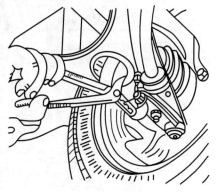

图 1-4-28 安装球头销

课题 5　驱　动　桥

一、驱动桥的作用和结构

（一）驱动桥的作用

驱动桥的作用是安装驱动车轮,并将发动机产生的动力传递给驱动车轮。

（二）驱动桥的结构

1. 驱动桥的结构特点

载货汽车一般采用发动机前置后轮驱动,后桥为驱动桥。驱动桥主要由主减速器、差速器、桥壳、半轴、半轴套管等零部件组成。

现代轿车大部分采用发动机前置、前轮驱动方式,其前桥既是驱动桥又是转向桥。作为驱动桥,它主要由主减速器、差速器和半轴组成,而且通常将变速器、主减速器和差速器作为一个总成,所以也有将其称为变速驱动桥（图 1-5-1）。

2. 驱动桥的拆卸

以东风 EQ1092 为例,其拆卸步骤如下：

（1）以车架为支撑点将车支起,确保支撑牢固可靠。

（2）拧下放油螺塞,放掉齿轮油。

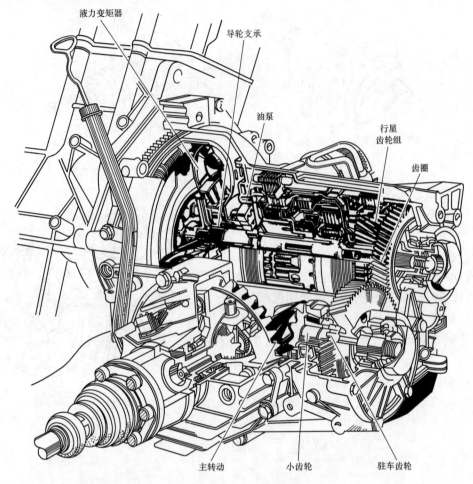

图 1-5-1 前桥驱动桥

(3)解除主减速器与传动轴的连接,拆掉左、右半轴。
(4)拆卸车轮及车轮制动器的相关零部件。
(5)从后桥壳上拆下主减速器总成。
(6)拆掉左右钢板弹簧与驱动桥连接的骑马螺栓,将桥壳抬下。

二、主减速器

主减速器的主要作用是将变速器输出的动力进一步降低转速,增大转矩,并将动力传递给驱动轮。

(一)主减速器的类型和结构特点

汽车主减速器的形式较多,主要分单级和双级主减速器。

1. 单级主减速器

轿车、中型以下的货车,均采用单级主减速器,单级主减速器由一对减速齿轮组组成,图1-5-2所示为圆锥齿轮式单级主减速器,图1-5-3所示为大众01N自动变速器的主减速器结构。单级主减速器具有结构简单、齿轮尺寸小、质量小、传动效率高等优点。

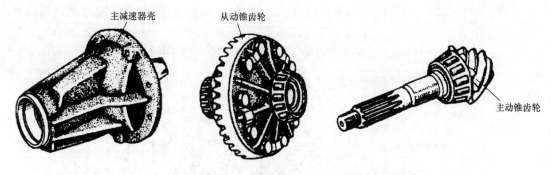

图1-5-2 圆锥齿轮式单级主减速器

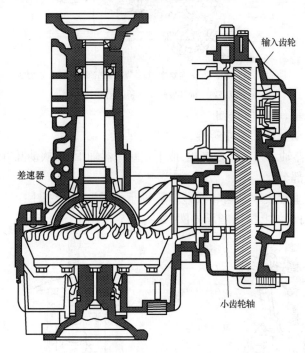

图1-5-3 大众01N自动变速器的主减速器

2. 双级主减速器

在一些中型以上的载货汽车上,为了获得更大的传动比,采用双级主减速器,以减小从动齿轮的尺寸,保证足够的离地间隙,如解放CA1092型载货汽车的主减速器。

(二)主减速器的结构

1. 桑塔纳2000GSi轿车单级主减速器

桑塔纳2000GSi轿车采用发动机前置,前桥驱动的布置形式,如图1-5-4所示。

1)主减速器的分解

(1)将车辆可靠支撑在举升器上,并在升起之前,拆卸半轴螺母,松开轮胎螺栓,将两前轮拆下。

(2)拆下横向稳定杆外侧的固定螺栓。

(3)松开下摆臂与车架的固定螺栓,拆下转向横拉杆与转向柱的外侧连接。

(4) 拆卸传动轴上内万向节与驱动凸缘的连接螺栓,向外拉动转向柱,取掉两侧传动轴及内、外万向节。

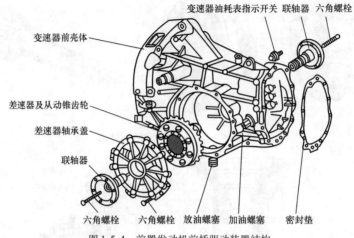

图 1-5-4　前置发动机前桥驱动装置结构

(5) 拆下放油螺塞,放出齿轮油。
(6) 拆掉两侧驱动凸缘的六角螺栓,取下驱动凸缘。
(7) 松开主减速器轴承盖的固定螺栓,取下主减速器轴承盖、从动圆锥齿轮及差速器总成。
(8) 分解差速器部分。
(9) 用拉器拉出里程表驱动齿轮及差速器轴承,如图 1-5-5、图 1-5-6 所示;用拉器从变速器壳体和差速器轴承盖上拉出轴承外圈,如图 1-5-7、图 1-5-8 所示。

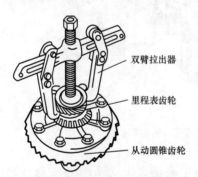

图 1-5-5　用拉器拉出里程表齿轮

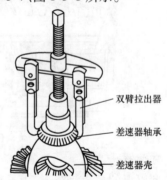

图 1-5-6　用拉器拉出差速器轴承

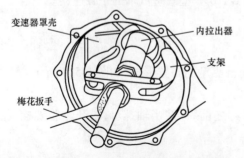

图 1-5-7　从变速器壳体内将差速器轴承外圈拉出

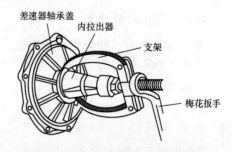

图 1-5-8　将差速器轴承外圈从差速器轴承盖内拉出

（10）拆下从动圆锥齿轮与差速器壳之间的连接螺栓，压下从动圆锥齿轮。分解后的主减速器与差速器如图1-5-9所示。

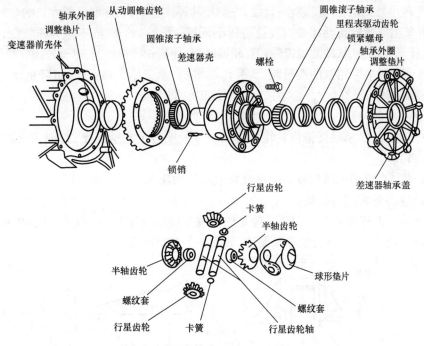

图1-5-9　分解后的前桥驱动装置

2）结构特点

（1）主动圆锥齿轮与变速器输出轴制成一体，主动圆锥齿轮轴前后通过圆珠滚子轴承和双列圆锥滚子轴承支承，其轴向间隙由变速器轴承座与轴承盖之间的垫片来调整，如图1-5-10所示。

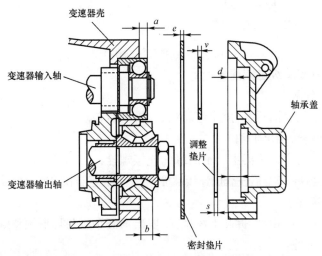

图1-5-10　主动圆锥齿轮轴向间隙调整示意图

（2）主减速器从动圆锥齿轮压装于差速器壳体上，并用螺栓固定，与差速器壳一起通过轴承与变速器壳体的侧盖支承。承轴预紧度和主、从动圆锥齿轮的啮合间隙，主要靠装于差速器轴承内圈与凸台之间的调整垫片的总厚度和左右分配关系来调整。调整垫片总厚度越大,轴承预紧度越大;反之,轴承预紧度越小。在总厚度一定的情况下,左侧垫片厚度越大(右侧垫片厚度越小),则啮合间隙越小;反之,左侧垫片厚度越小(右侧厚度越大),啮合间隙越大。

(3)轿车主减速器传动比一般设计得较小,以获得较高的车速,不但为非整数,而且为无限小数,这样可以使主、从动圆锥齿轮相互轮换啮合,使齿轮磨损均匀,以延长齿轮使用寿命。

(4)轿车一般多采用双曲线齿轮,具有传动平稳,承受压力负荷大,可降低重心等特点,但轴线有微量偏移,滑移量大,必须采用双曲线齿轮润滑油。

3)主要零件的检修

(1)主减速器主、从动圆锥齿轮轮齿应无裂纹及明显的剥落现象,否则,应成对更换主、从动圆锥齿轮。

(2)差速器支承轴承出现疲劳剥落及烧蚀应换用新件。

4)主减速器的装配与调整

主减速器和差速器的装配调整主要是通过改变调整垫片 S_1、S_2 和 S_3 的厚度来调整主减速器的啮合印痕、啮合间隙及轴承预紧度,如图 1-5-11 所示。

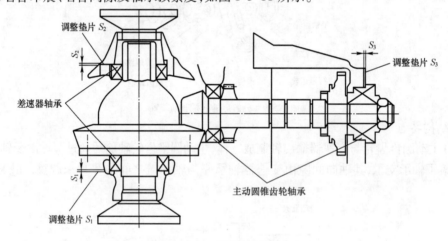

图 1-5-11 调整垫片的位置

2. EQ1092 型货车单级主减速器

1)主减速器的分解

(1)拧松后盖上的放油螺塞,放出齿轮油,并拆下后盖。

(2)拆卸半轴螺栓,抽出半轴。

(3)拆卸传动轴与主减速器主动轴凸缘的连接螺栓,断开其连接。

(4)拆卸主减速器壳体与后桥壳的连接螺栓,取下主减速器和差速器总成,并固定于台架上。

(5)旋出支承螺柱。

(6)撬开支承螺栓的锁片,拆卸支承螺栓,取出两侧轴承与环形调整螺母,取下主减速器从动齿轮和差速器组件。

(7)卸下主动轴前端的开口销和槽形螺母,取下前端凸缘。

(8)拆下主动轴前轴承盖与主减速器壳体的固定螺母,取下前轴承盖、主动齿轮组件等。

(9)进一步分解主动齿轮与从动齿轮组件,并做好相关标记。

2)结构特点

(1)主动锥齿轮与主动轴制成一体,主动轴前方通过双列圆锥滚子轴承支承于盖子与壳体上,垫片与隔环可以调整主动轴的前后位置和轴承预紧度;后端通过一个圆柱滚子轴承支承于壳体上,如图1-5-12所示。

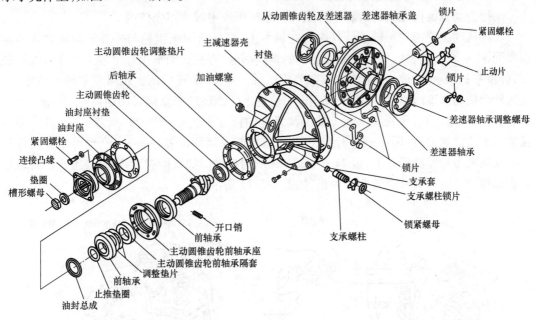

图1-5-12　东风EQ1092型货车主减速器

(2)主减速器从动锥齿轮用螺栓固定于差速器壳体上,与壳体一起通过两侧的双列圆锥滚子轴承,支承于壳体上。从动齿轮的轴承预紧度和轴向位置,通过两侧环形调整螺母之间的远近距离与左右位置来调整。

(3)工作面之间的应力大,相对滑动速度大。因此,必须使用双曲线齿轮油。

3)主要零件的检修

主减速器壳体、轴承、齿轮的检修方法与前述相同。

4)装配与调整

(1)主动圆锥齿轮及轴承座总成的装复和轴承预紧度的调整:

①用压力机将前内轴承的外圈压入轴承座。

②用压力机将前内轴承的内圈压到主动圆锥齿轮轴颈上,使其紧靠齿轮大端端部。把后轴承的内圈压上,压靠台肩。

③在前内轴承前装隔套、原有调整垫片、轴承座、前外轴承,放入止推垫圈和主动圆锥齿轮连接凸缘,暂不装油封。

装好连接凸缘后,装上垫圈和槽形螺母,用196~294N·m的力矩,将螺母拧紧(拧紧时,边拧边用手转动轴承座,使轴承滚子处于正确位置,若尚未拧到规定力矩,已难以转动时,应及时增加调整垫片厚度,以增大轴向间隙),此时用弹簧秤钩在凸缘螺孔处沿切线方向拉动,若能以16.7~33.3N的力使其转动,则轴承的预紧度为合适,如图1-5-13所示。否则,可增加或减少调整垫片的厚度,直到合适为止。

主动圆锥齿轮轴承预紧度也可凭经验检查,其方法是:用手转动凸缘应转动灵活无阻滞,沿轴向推拉凸缘,应无间隙感为合适。

④轴承预紧度调好后,拆下连接凸缘,把内外油封及导向环装入油封座内。

(2)从动圆锥齿轮轴组件的装复和轴承预紧度、啮合印痕的调整:

①把主动圆锥齿轮轴的后轴承外圈连同滚柱压入主减速器壳体内。

②将从动圆锥齿轮轴轴承的外圈套在轴承上,将从动圆锥齿轮与差速器总成放入主减速器壳,再将环形调整螺母装在差速器壳的螺纹部分,将左右轴承盖仔细装上。注意对正螺纹,分清左右轴承盖,放入紧固螺栓,拧上几扣后,一边转动环形调整螺母调整轴承预紧度,一边转动从动圆锥齿轮,使其滚子有正确的位置。两侧环形调整螺母的距离越远,则轴承预紧度越小;反之,轴承预紧度越大。轴承预紧度的检查方法是:以 196~295N·m 的力矩拧紧轴承盖紧固螺栓后,用 0.98~3.4N·m 的力矩能灵活转动差速器总成,也可用弹簧秤钩在从动圆锥齿轮紧固螺栓上,以 11.3~25.9N 的力拉动。如果检查不合适,应再次松开轴承盖紧固螺栓,然后调整,直到合适为止,如图 1-5-14 所示。

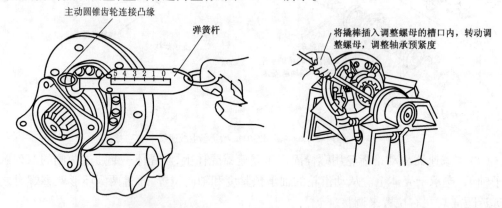

图 1-5-13　测量主动圆锥齿轮轴承预紧度　　图 1-5-14　差速器轴预紧度的调整

③对已调好轴承预紧度的主动圆锥齿轮的组件,将油封座及衬垫依次装到主动圆锥齿轮轴上,放入主减速器壳体上。注意对正后轴承位置,防止歪斜造成后轴承损伤,暂不装前外轴承座紧固螺栓的弹簧垫,只用平垫代替。对称交替均匀拧紧,然后按规定力矩 392~490N·m 拧紧固定凸缘的槽形螺母,插入开口销并将其锁好。

④用增减调整垫片的方法调整主、从动圆锥齿轮的啮合印痕。正确的印痕要求如图 1-5-15 所示,其位置在齿长方向偏向小端,在齿高方向偏向齿顶。调整中应以车辆前进的正车面为主。印痕的检查方法是:将从动齿轮的正车面 3 等分,每处均匀地涂抹 3 个牙的红印油,用手转动主动轮,并对从动轮微施阻力,然后观察印痕情况,视需要调整。增加主动圆锥齿轮的调整垫片厚度,

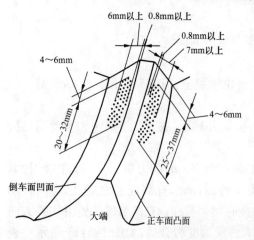

图 1-5-15　主减速器从动齿轮的啮合印痕要求

啮合印痕向从动齿轮牙的大端移动;反之,向小端移动。调整完毕时,重新装上前外轴承座7个紧固螺栓的弹簧垫,并加以紧固。

⑤用转动环形调整螺母的方法调整主、从动圆锥齿轮的啮合间隙。正确的啮合间隙为0.15~0.40mm。间隙是否合适,对主减速器的使用寿命影响很大。检测时,以百分表的量头垂直于从动圆锥齿轮牙齿大端的凸面,固定主动圆锥齿轮,用手来回转动从动圆锥齿轮,百分表指针的摆差即为啮合间隙。

主、从动圆锥齿轮啮合间隙的调整,是利用移动差速器轴承环形调整螺母的方法实现的。因为差速器轴承预紧度已预先调好,所以调整啮合间隙时,应保持两环形调整螺母的远近距离不变为原则,即:根据需要一边进(或退)多少。则另一边退(或进)多少。

有时啮合间隙与啮合印痕可能发生矛盾,此时应以啮合印痕为主,啮合间隙的要求可略微放松。

印痕与间隙调整完毕后,应紧固轴承盖螺栓,并以特制的锁片锁紧环形调整螺母。

⑥有时还根据需要,用百分表检查从动圆锥齿轮的端面圆跳动量,防止从动圆锥齿轮的变形,致使啮合间隙各处不等的现象,以保证维修质量。

⑦在主减速器壳的左侧,拧入从动圆锥齿轮支承螺栓及支承套总成,在支承套与从动圆锥齿轮背面之间应留 0.3~0.5mm 的均匀间隙。调整方法是一边转动从动齿轮,一边拧紧螺栓,使二者相接触,然后再将螺栓退回 90°。最后,应在保持螺栓尾部不转的情况下,拧紧锁紧螺母,并用锁片锁紧螺母。

三、差速器

如果汽车驱动桥的两驱动车轮用一根整轴连接,两车轮只能以相同的转速旋转,当汽车转弯时,由于外侧车轮比内侧车轮运行距离长,此时,外轮会边滚动边滑移,内轮会边滚动边滑转。同样,汽车在不平路面上直线行驶时,两侧车轮通过的实际距离也不相等,也会造成滑转和滑移现象。

为了消除以上现象,汽车左右两侧的驱动车轮分装在两根半轴上,并在两半轴之间装以差速器。差速器的功用是:在向两半轴传递动力的同时,允许两半轴以不同的转速旋转,以满足各轮不等距行驶的需要。按其工作特性可分为普通差速器和防滑差速器两大类。

(一)普通行星齿轮差速器

1. 桑塔纳 2000GSi 差速器

桑塔纳 2000GSi 差速器的结构特点:桑塔纳轿车系列差速器为普通行星齿轮式,主要由整体式差速器壳、行星齿轮、半轴齿轮、行星齿轮轴等组成,并采用复合式止推垫圈。车速表驱动齿轮安装于差速器壳上,其拆卸工艺如下:

(1)拆下左右半轴固定螺栓,取下左右半轴。

(2)拆下主减速器轴承盖的固定螺栓,拆下差速器总成。

(3)拆下车速表锁紧套筒,用专用拉力器将车速表驱动齿轮、圆锥滚子轴承拉出。

(4)拆卸从动锥齿轮。注意要在差速器壳和从动齿轮上做上记号,然后用铜棒冲下从动齿轮。

(5)拆下弹性锁销,用铜棒冲出行星齿轮轴,取出半轴齿轮和行星齿轮等零件。

2. EQ1092 差速器

EQ1092 差速器结构特点：EQ1092 汽车采用的差速器也为普通行星齿轮式，主要由差速器壳、行星齿轮、半轴齿轮、十字轴、止推垫片等组成（图 1-5-16）。和桑塔纳系列差速器主要区别是差速器壳为分开式，有 4 个行星齿轮，行星齿轮轴为十字形。行星齿轮的背面做成球面与差速器壳相应处的凹面配合，以保证良好的对中性，与两半轴齿轮能正确啮合。行星齿轮、半轴齿轮与壳体相应的摩擦面之间装有青铜减摩垫片，磨损后可通过更换垫片来调整齿轮的啮合间隙。差速器壳的十字轴轴孔是在左右壳装合后加工的，为防止装配中错位，两半壳之间有装配位置记号。其拆卸工艺如下：

(1) 拆下轴承盖紧固螺栓，差速器轴承盖，取下轴承调整螺母，拆下差速器总成。
(2) 拆下差速器壳固定螺栓，分开差速器壳。
(3) 取出十字轴及行星齿轮和半轴齿轮等。
(4) 用专用拉力器拉下差速器轴承。

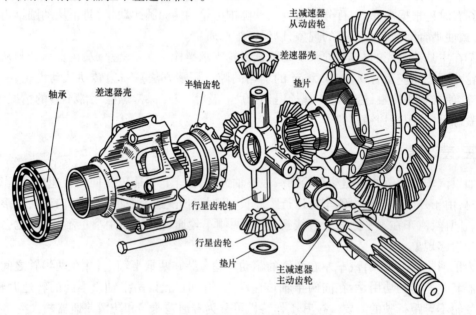

图 1-5-16 东风 EQ1092 型货车差速器

3. 差速器工作过程

由主减速器传来的动力，经从动齿轮传至差速器壳、行星齿轮轴、行星齿轮、半轴齿轮，再经左右半轴传至驱动轮上，根据左右两驱动轮遇到的阻力的情况不同，差速器可使其等速转动或不等速转动。

1) 汽车直线行驶

如图 1-5-17 所示，汽车直线行驶时，两侧车轮通过半轴齿轮施加于行星齿轮左、右啮合点 A、B 的反作用力相等，且等于差速器壳对行星齿轮驱动力 P_0 的一半。此时行星齿轮就像一等臂杠杆被平衡，不能自转，只能随差速器壳公转，两半轴像一根整轴一样随着差速器壳一起旋转，不起差速作用。

2) 汽车转弯

汽车右转弯时，由于两侧车轮受地面作用力不同，通过半轴齿轮作用于行星齿轮左、右啮合点的反作用力不再平衡,使行星齿轮产生一个自转力矩,行星齿轮自转,两半轴转速不再相等。两侧驱动轮受地面作用力差距越大,两轮的转速差越大。但无论任何情况下,左、右轮转速之和始终等于差速器壳转速的2倍;不管转速是否相同,左、右轮输出的转矩始终相等。一倒车轮在地面上打滑空转时,另一侧车轮的输出转矩也几乎等于零。

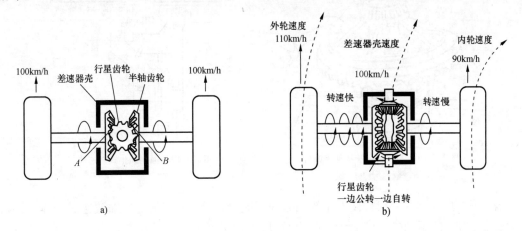

图 1-5-17 差速器工作情况
a)直行时;b)差速时

4. 差速器检修

(1)检查差速器壳应无裂纹,否则予以更换。

(2)行星齿轮与半轴齿轮啮合间隙过大,应更换止推垫片。

5. 差速器的装配调整

仅以 EQ1092 为例:

(1)用压力机将轴承压入差速器壳的轴颈上。

(2)把左差速器壳放在工作台上,在工作面上涂上机油,将半轴齿轮止推垫片连同半轴齿轮一起装入,将已装好行星齿轮及其止推垫片的十字轴装入左差速器壳的十字槽中,并使行星齿轮与半轴齿轮啮合。

在行星齿轮上装上右边的半轴齿轮、止推垫片,将差速器右壳合到左壳上,注意对准壳体上的装配记号。拧紧差速器壳连接螺栓,在螺栓左端套上锁片,用螺母紧固(注意螺栓头部的削扁部分要卡在右壳的台肩上并注意各螺母对角拧紧),拧紧力矩为 137~157N·m。

(3)将从动圆锥齿轮装到差速器左壳上,用螺栓紧固。螺母的拧紧力矩为 137~157N·m,拧紧后用锁片锁住螺母,如图 1-5-18 所示。

(二)防滑差速器

由于普通差速器的工作特性是差速不差扭,当汽车的一个驱动车轮接触到泥泞或冰雪路面时,即使另一个车轮在好路面上,汽车往往仍不能前进。此时在泥泞路面上的车轮会原地滑转,而在好路上的车轮则静止不动。为了提高汽车在坏路的通过能力,可采用各种形式的防滑差速器。

强制锁止式差速器如图 1-5-19 所示,差速锁由接合器及其操纵机构组成,半轴和差速器壳上制有键齿。接合套可沿半轴轴向滑动。

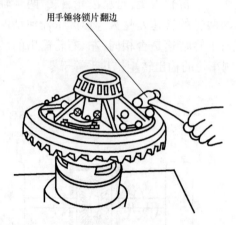

图 1-5-18　差速器壳及从动圆锥齿轮连接螺栓锁片的安装

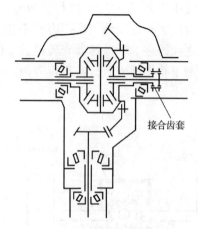

图 1-5-19　强制锁止式差速器

操纵机构。推动接合套,使左半轴与差速器壳刚性连接时,左右半轴被连成一体一同旋转。这样,当一侧驱动轮滑转而无牵引力时,从主减速器传来的转矩全部分配到另一侧驱动轮上,使汽车得以正常行驶。

当汽车驶出坏路时,驾驶员操纵接合套,使半轴与差速器壳分离。

强制差速器结构简单,易于制造,但操作必须停车时进行。

此外,目前汽车上使用的还有高摩擦自锁式和蜗轮蜗杆式等差速器。

四、半轴与桥壳

(一)半轴

1. 半轴的结构

半轴为一实心圆轴,一端与差速器半轴齿轮相连,另一端与驱动车轮相连,将差速器输出的转矩传递给驱动车轮。根据支承形式和受力特点的不同,半轴可分为全浮式半轴和半浮式半轴。

2. 全浮式半轴

全浮式半轴的结构如图 1-5-20 所示,内端通过花键与半轴齿轮啮合,外端凸缘与轮毂用螺栓连接,半轴浮装于半轴套管中。在汽车行驶过程中,半轴只传递转矩,不承受地面作用于车轮上的各种力及力矩,具有较大的传力能力。

全浮式半轴拆卸时,只需拆掉半轴凸缘与轮毂的连接螺栓,就可以从半轴套管中抽出半轴。由于全浮式半轴传力能力大、拆装方便,被广泛应用于载货汽车。

3. 半浮式半轴

半浮式半轴的结构如图 1-5-21 所示,内端通过花键与半轴齿轮啮合,外端通过轴承支承于桥壳内,车轮轮毂通过螺栓或键与半轴连接。半浮式半轴除传递转矩外,其外端还承受路面作用于车轮的各向作用力及力矩。半浮式半轴具有结构简单、质量轻、适用于小直径车轮等特点,多用于轿车和微型汽车,但拆装不方便。

单元一 传动系

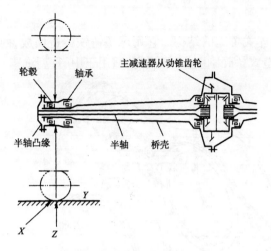

图 1-5-20 全浮式半轴支承示意图　　图 1-5-21 半浮式半轴支承示意图

半浮式半轴的拆卸如图 1-5-22 所示：
(1)将车辆支撑起,确保支撑牢靠。
(2)拆下轮胎和制动鼓(盘)。
(3)拆卸半轴轴承止推盖板。
(4)将半轴和半轴轴承一并从半轴套管中抽出。
(5)用压力机拆下半轴轴承。

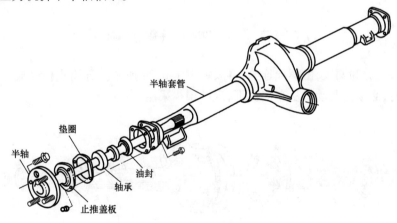

图 1-5-22 半浮式支承半轴的拆卸

4. 半轴的检修

半轴常见的损伤有弯曲、扭曲、断裂、花键磨损等。
(1)半轴应进行探伤检查,用磁力探伤机或浸油敲击法进行检查,如有裂纹应予以更换。
(2)半轴中部的径向圆跳动应不大于 1.5mm,径向圆跳动超限,应进行冷压校正。

(二)桥壳与半轴套管

1. 桥壳的结构

桥壳是驱动桥的基础件,其作用是支撑主减速器、差速器和半轴等零部件,固定左右驱动轮,支撑汽车重量。桥壳按结构分为整体式桥壳和分段式桥壳。

1）整体式桥壳

图 1-5-23 所示为东风 EQ1092 型汽车整体式桥壳的结构。它用球墨铸铁铸造而成，两端压装无缝钢管制成的半轴套管。整体式铸造式桥壳刚度大、强度高，适用于中、重型汽车。

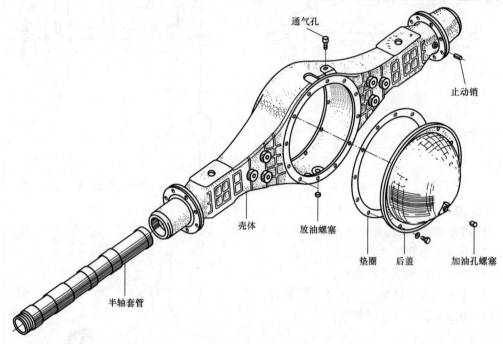

图 1-5-23　东风 EQ1092 型汽车整体式桥壳

2）分段式桥壳

分段式桥壳分为两段，由螺栓连为一体，如图 1-5-24 所示。分段式桥壳对维修不利，检修主减速器时，必须把驱动桥从车上拆下，现已很少采用。

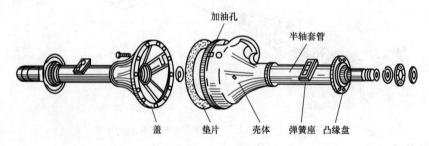

图 1-5-24　分段式桥壳

2. 桥壳的检修

桥壳发现裂纹，应予以更换。

3. 半轴套管的修复

(1) 端头螺纹损伤超过 2 牙或磨损严重时，可重新车削螺纹。

(2) 对套管进行探伤检查，如有裂纹，应予以更换。

(3) 更换半轴套管时，先拆掉定位螺钉，用半轴套管拉压机将旧套管拉出，再压入新套管。压入新套管时，应注意测量套管外露部分的长度符合规定（东风 EQ1092 型汽车为

215±1mm),然后用电钻通过桥壳上的定位孔在套管上钻出定位孔,最后用定位螺钉固定。

五、驱动桥的装配

东风 EQ1092 型汽车驱动桥的装配工艺如下:

(1)将已装配好的主减速器和差速器总成装入桥壳,用 78~98N·m 的力矩拧紧主减速器连接螺栓。桥壳与主减速器之间的衬垫两面涂以密封胶,用 78~98N·m 的力矩拧紧后盖紧固螺栓。

(2)装复、调整车轮制动器。

(3)将清洗后的通气塞装于桥壳上部。

(4)将左右半轴装入半轴套管内,78~98N·m 的力矩拧紧半轴螺栓。

(5)按规定加注双曲线齿轮油。

单元二
行 驶 系

> **学习目标**
>
> 完成本单元学习后,你应能:
> 1. 熟知汽车行驶系的作用与组成;
> 2. 熟知车架、车桥、车轮与轮胎的作用及结构;
> 3. 独立完成车轮与轮胎的拆装作业,熟知车架、前轴等主要零件的检修方法;
> 4. 熟知车轮定位的内容及作用,掌握前轮定位的调整方法;
> 5. 熟知悬架的作用与组成;
> 6. 独立完成前、后悬架的拆装作业及主要机件的检修;
> 7. 熟悉电子控制悬架的结构与工作原理;
> 8. 独立完成电子控制悬架性能的检查与调整;
> 9. 熟知汽车巡航控制系统的作用与组成,了解其控制原理;
> 10. 熟练使用汽车巡航控制系统,并独立完成主要电子器件的检修作业。
>
> **建议课时:14 课时。**

行驶系的作用是将汽车构成一个整体;将传动系传来的转矩转变为汽车行驶的牵引力;缓冲减振,保证汽车平顺行驶。

目前汽车多采用轮式行驶系,通过车轮在路面上滚动行驶。

行驶系一般由车架(或承载式车身)、车桥、车轮和悬架组成,如图 2-0-1 所示。

课题 1　车架与车桥、车轮与轮胎

一、车架

(一)车架的作用、类型及构造

车架是整个汽车的安装基础,其作用是安装汽车的各总成和部件,并使它们保持相对正确位置;承担各种静动载荷。

汽车车架的结构因车而异,载货汽车多采用边梁式车架,轿车多采用承载式车身。

图 2-0-1　行驶系的组成

1. 边梁式车架

边梁式车架由两根纵梁和若干道横梁组成,用铆接法或焊接法将纵横梁连接成坚固的刚性构架。

东风 EQ1092 型汽车边梁式车架如图 2-1-1 所示。它主要由两根纵梁和 8 根横梁铆接而成。纵梁为槽形不等高断面梁,中间断面高度最大,两端断面高度逐渐缩小,既满足应力均匀分布又降低全车质量。车架最前端装有横梁式的缓冲件——保险杠。

2. 承载式车身

承载式车身是以车身兼代车架,所有的总成和零部件都安装在车身上,作用于车身的各种力和力矩由车身承受。所以这种车身也称为承载式车身,如图 2-1-2 所示。

(二)边梁式车架的检修(以东风 EQ1092 型为例)

1. 车架变形的检验

边梁式车架,以钢板弹簧支座上的钢板销孔的轴线为基准,构成 3 个矩形框,如图 2-1-3 所示。通过测量每个矩形框两条对角线的长度差及其位置误差可判断车架在垂直方向和水平方上变形。

1)检验车架变形的技术要求

(1)车架宽度应不超过基本尺寸 ±3mm。

(2)纵梁上翼面与腹面的直线度公差为 1000:3mm,纵梁全长上直线度不大于 1/1000,如图2-1-4所示。

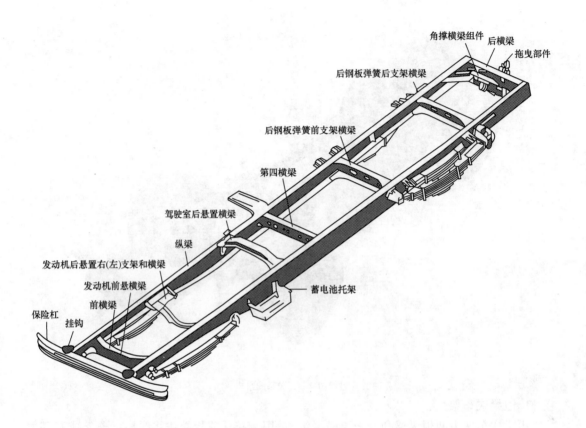

图 2-1-1　东风 EQ1092 型汽车车架

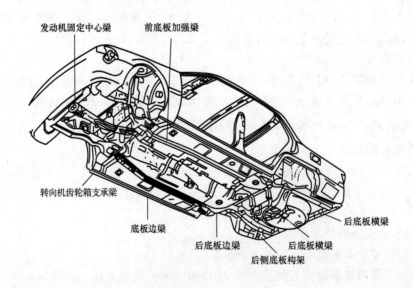

图 2-1-2　承载式车身

2)钢板弹簧支架销孔中心距及对角线的技术要求

(1)用细钢丝作对角线,并用专用工具牵引。

(2)两对角线长度相差不得大于5mm,否则,表示车架水平扭曲变形超过标准,见图2-1-3。

(3)各对角线交点,对车架中心线的偏差不得大于2mm。否则,表示车架垂直方向上发生翘曲变形超过标准,见图2-1-4。

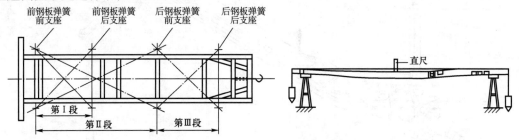

图2-1-3 对角线法矩形框分段　　　　图2-1-4 车架纵梁直线度的检验

2. 车架裂纹及铆接质量的检验

直观检视及敲击检验,车架应无裂纹,各铆接部位的铆钉应无松动现象。

3. 车架的修理

(1)车架弯曲、扭曲变形超过允许限度,应进行校正。若变形不大可用液压机具进行冷压校正。变形严重可将车架拆散,对纵横梁分别校正后重新铆接,必要时可加热校正,但应注意温度控制。

(2)车架出现裂纹应进行手工电弧焊焊修。

(3)车架纵、横梁连接铆钉松动时,应用直径略小于铆钉孔的钻头钻除旧铆钉,将旧铆钉孔的直径扩大0.5~1mm,更换加大的新铆钉重新进行铆合。铆合可采用冷铆或热铆。

二、车桥

(一)车桥的作用、类型及特点

车桥通过悬架与车架(或承载式车身)相连接,两端安装车轮。

按其作用不同,车桥可分为转向桥、驱动桥、转向驱动桥和支持桥4种类型。一般汽车多以前桥为转向桥而以后桥或中、后两桥为驱动桥。越野汽车和一些轿车的前桥既是转向桥也是驱动桥,故称为转向驱动桥。挂车上的车桥都是支持桥。

(二)东风EQ1092型转向桥

东风EQ1092型转向桥主要由前轴、转向节、主销和轮毂4部分组成,如图2-1-5所示。

1. 转向桥的拆卸

东风EQ1092型转向桥解体时,应先用楔块塞住后轮,举升起前端,并架好保险凳。拆下前轮后进行分解,具体步骤如下:

(1)拆下防尘盖紧固螺栓,取下盖及衬垫。

(2)剔平止动垫圈。依次取下锁紧螺母,止动垫圈、锁紧垫圈和调整螺母。

(3)取下轮毂外轴承、制动鼓、轮毂内轴承、油封总成。

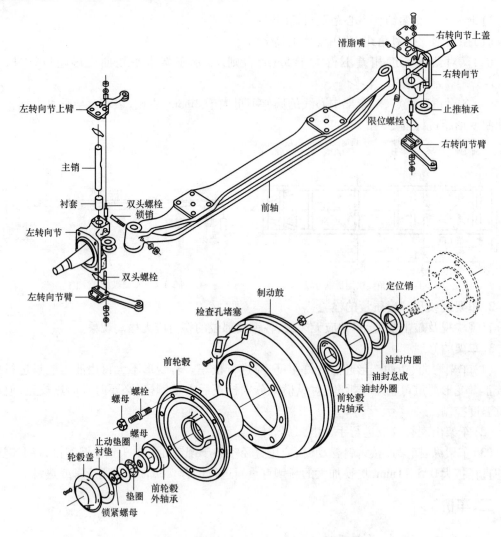

图 2-1-5　东风 EQ1092 型汽车转向桥分解图

(4)拆卸车轮制动器各零部件(制动蹄、凸轮、支承销、调整臂等)。

(5)拆下制动底板。

(6)拆下直拉杆和横拉杆总成。

(7)拆下左转向节臂和梯形臂。

(8)冲出楔形锁销,冲出主销。

(9)依次取下转向节、止推轴承、调整垫片。

2. 转向桥主要零部件

1)前轴

前轴用中碳钢锻造而成,是一根中部下凹两端上翘的长轴。断面采用工字形以提高抗弯强度。中部下凹处左右各加工出一安装钢板弹簧的底座。并钻有 4 个安装骑马螺栓的通孔和一个位于中心的钢板弹簧定位凹坑。前轴两端各有一个加粗部分呈拳形。其中有通孔,主销则插入此孔内。

2) 转向节

转向节是用中碳钢锻造而成的叉形部件,上下两叉制有同轴销孔,通过主销与前轴的拳部相连。转向节可绕主销(相对前轴)转动一定角度。为了减小磨损,销孔内压入青铜或尼龙衬套,衬套上开有油槽,用装在转向节上的滑脂嘴注入润滑脂进行润滑。转向节轴内大外小,用来安装内外轮毂轴承。

3) 主销

主销中部切有凹槽,带有螺纹的楔形锁销通过与主销凹槽配合将主销固定在前轴拳部孔内,使之不能转动,而主销与转向节上下两叉销孔是间隙配合,使转向节绕着主销摆动以实现车轮的转向。

4) 轮毂

车轮轮毂通过内外两个轮毂轴承支承在转向节轴颈上。轴承的预紧度可用调整螺母调整。轮毂外端用冲压的金属防尘罩盖住,以防泥水和尘土侵入,内侧装有油封、挡油盘,以防润滑油进入制动器内。

3. 转向桥主要零件的检修

1) 前轴的检修

前轴的耗损主要表现为变形、裂纹,以及主销孔磨损,这些损坏会影响汽车的前轮定位和行车安全性,并加剧轮胎磨损。

(1) 前轴裂纹的检修。

将前轴清洗干净后,用磁力探伤法和浸油敲击法检验。出现裂纹应更换前轴。

(2) 前轴变形的检验与校正。

前轴的弯、扭变形可用前轴检验仪或其他简易方法进行检验。常用的检验方法如下:

① 钢板弹簧座之间变形的检验。

将前轴固定于台钳或专用支架上,利用水平仪将一侧的钢板弹簧座调整成水平。然后,再把水平仪放于另一弹簧座上进行检查,如图2-1-6所示。水珠若不在水平仪的中间位置,表明两面钢板弹簧之间存在垂直方向的弯曲或扭曲变形。

前轴两钢板弹簧座之间存在明显的弯、扭变形时,应予以校正。

② 钢板弹簧座与主销孔之间变形的检验。

a. 用试棒、角尺检验:按图2-1-7所示安放好试棒及角尺(角度与被测车型主销内倾角相同),如果试棒与角尺之间存在间隙,表明前轴存在垂直方向的弯曲变形。

b. 拉线检验:如图2-1-8所示,在前轴主销孔上端中间拉一细线,然后用直尺测量接线到两钢板弹簧的距离,若测得的距离不符合原设计规定,表明前轴存在垂直方向的弯曲变形。若拉线偏离钢板弹簧座中心(偏离程度应不大于4mm),表明前轴两端存在水平方向的弯曲或扭曲变形。

图2-1-6 用水平仪检验

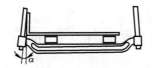

图2-1-7 用试棒角尺检验

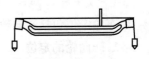

图2-1-8 拉线检验

③前轴的校正。

前轴弯、扭变形的校正一般在专用液压校正器上进行,即利用校正器上的液压油缸对前轴的相应部位施加压力或扭力进行校正。

2)转向节的检修

(1)用磁力探伤法或浸油敲击法检验转向节,一旦发现疲劳裂纹,只能更换不许焊修。

(2)转向节轴锁止螺纹损伤应不多于2个齿牙,锁止螺母无明显松旷,否则应修复或更换转向节。

(3)转向节主销衬套与主销的配合间隙超过0.20mm时,应更换衬套。

4. 转向桥的装配与调整

东风EQ1092型汽车转向桥的装配与调整步骤如下:

(1)将各零件清洗干净。

(2)将前轴置于拆装架或台钳上。

(3)将推力轴承安装到转向节下耳上(轴承的开口应向下,以防泥沙进入)。

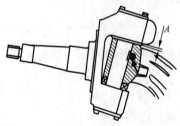

图2-1-9　调整垫片位置

(4)将转向节置于前轴拳形部位,用厚薄规测量转向节上耳与前轴主销孔上端面之间的间隙A(图2-1-9),该间隙应不大于0.15mm,如不符合要求,可增减垫片进行调整。

(5)将涂抹润滑脂的主销用铜棒轻轻敲入转向节及前轴的主销孔中,装入主销时应注意:主销上的锁止平面与前轴上锁销孔必须对正。

(6)装入锁销,并拧紧固定螺母。锁销安装后,其大端露出长度应不小于2mm,否则,应换用加粗的锁销。

(7)安装完毕后,用弹簧秤拉动检查,转向节应转动灵活,转动转向节的力应不大于10N,否则,应查明原因予以排除。

(三)转向驱动桥

能实现车轮转向和驱动两种功能的车桥称为转向驱动桥。转向驱动桥一般应用于全轮驱动的越野汽车和一些轿车的前桥上,在结构上,它有一般驱动桥所具有的主减速器、差速器和半轴,也有一般转向桥所具有的转向节、主销和轮毂。但由于转向的需要,转向驱动桥的半轴被分为两段(内半轴和外半轴),其间用万向节连接,同时主销也被制成上下两段。转向节轴颈部分做成中空,以便外半轴穿过其中。转向驱动桥的结构如图2-1-10所示。

目前,许多轿车采用了发动机前置和前轮驱动的布置形式,其前桥既是转向桥又是驱动桥。图2-1-11所示为上海桑塔纳轿车转向桥总成,它采用麦弗逊独立悬架(图中未画出中间减速器和差速器)。其动力经主减速器和差速器传至内半轴,经球笼式万向节和外半轴传到轮毂使驱动轮旋转。

(四)车轮定位

车轮定位包括转向轮定位(也称前轮定位)和后轮定位。

1. 转向轮的定位

为了保证汽车直线行驶的稳定性和操纵的轻便性,减少轮胎和其他机件的磨损,要求转向车轮、转向节、主销具有一定的相对位置,称为转向轮定位,也称前轮定位。它包括主销后倾、主销内倾、前轮外倾及前轮前束4项内容。

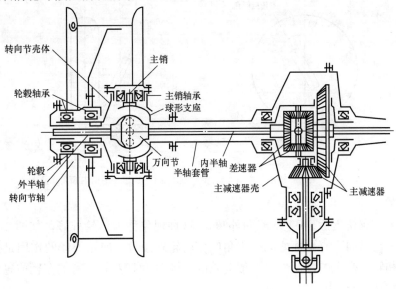

图 2-1-10　转向驱动桥示意图

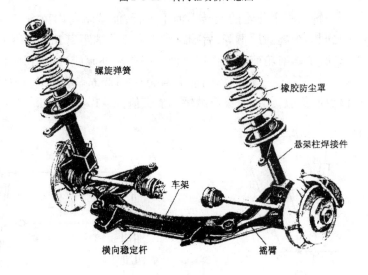

图 2-1-11　桑塔纳轿车转向桥

1）主销后倾

主销装在前轴上,其上端略向后倾斜。在纵向垂直平面内,主销轴线与垂线之间的夹角叫作主销后倾角,如图 2-1-12 所示。主销后倾的作用主要是为了保持汽车直线行驶的稳定性,并在汽车转向时能使前轮自动回正。现代汽车的主销后倾角一般不超过3°。

2）主销内倾

主销安装到前轴上后,其上端略向内倾斜,这种现象称为主销内倾,如图 2-1-13 所示。在汽车的横向垂直平面主销线与垂线之间的夹角叫作主销内倾角。主销内倾的作用之一能使车轮自动回正;另一个作用是使转向操纵轻便。现代汽车主销后倾角一般不大于8°。

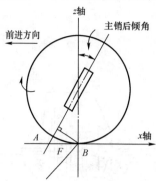

图2-1-12 主销后倾角示意图

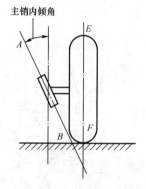

图2-1-13 主销内倾角示意图

3) 前轮外倾

前轮安装在车桥上后,其上端略向外倾斜,这种现象称为前轮外倾。如图2-1-14所示,车轮旋转平面与纵向垂直平面之间的夹角叫作前轮外倾角。前轮外倾的作用是提高车轮工作的安全性和转向操纵的轻便性。一般前轮的外倾角为1°左右。有的车辆前轮外倾角为负值,如上海桑塔纳轿车为 $-30' \pm 20'$。

4) 前轮前束

前轮安装后,同一轴上两个前轮的旋转平面不平行,前端略向内束,这种现象称为前轮前束。左右两前轮之间的距离前后不等,后端距离 A 大于前端距离 B,其差值 $(A-B)$ 即称为前束值,如图2-1-15所示。前轮前束的作用是消除因前轮外倾使汽车行驶时向外张开的趋势,减少轮胎磨损和燃料消耗。一般汽车的前束值为 $0 \sim 12\text{mm}$。有的汽车为与负前轮外倾角相配合,其前束值也取负值,如上海桑塔纳轿车前束值为 $-1 \sim -3\text{mm}$。

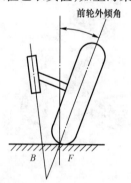

图2-1-14 前轮外倾角示意图

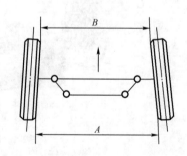

图2-1-15 前轮前束示意图

2. 转向轮定位的检查与调整

前轮定位不仅影响车轮的磨损程度,同时还对操纵稳定性和行车安全性起着至关重要的作用。因此,在车桥拆装后、轮胎发生异常磨损及车辆的稳定性变坏时,应利用四轮定位仪检查定位参数,并进行必要的调整。

由于主销后倾和前轮外倾的改变会引起前束的改变,而前束的变化不会影响主销后倾角和前轮外倾角,所以前轮定位的检查和调整顺序是:首先检查和调整主销后倾角,然后检查和调整前轮外倾角,最后检查和调整前束。

(1)前轮外倾角的调整。

当前轮外倾角不正确时,易造成轮胎单边磨损。外倾角过大时,高速行驶车身晃动加剧,转向发"飘",不易掌握;外倾角过小时,转向沉重,回位不良。左右外倾角差值不均,会使汽车侧滑跑偏,轮胎磨损不均。

调整前轮外倾角时车轮应着地,通过球头销在下摇臂长孔中的位移来调整:

①松开下摇臂球头销的固定螺母。

②把外倾调整杆插入如图2-1-16中箭头所示的孔中,调整左侧时,从后面插入调整杆;调整右侧时,应从前面插入调整杆。

③横向移动球头销,直至达到外倾角值。

④紧固螺母,再次检查外倾角值,需要时重新进行调整。

(2)前束调整。

前束不当,会出现高速摆振和明显的轮胎单侧磨损。调整前束是通过改变两侧转向横拉杆的长度来实现的。调整时需要用专用工具3075。调整步骤如下:

①将转向器置于中间位置。

②拧出转向中间轴盖上的螺栓。

③将带有挂钩"B"的专用工具安置在左转向横拉杆的紧固螺母上,如图2-1-17所示。

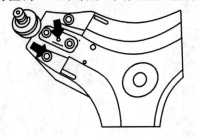 

图2-1-16 插入外倾调整杆　　　图2-1-17 调整前束

④用提供的螺钉将作衬垫的间隔件固定到标有"C"记号的转向器孔中。注意:不得使用一般螺钉。

⑤总前束值分为两半,分别在左、右转向横拉杆上调整。

⑥固定转向横拉杆。

⑦必要时调整转向盘。

⑧拆下专用工具3075。

⑨拧紧转向中间轴盖上的螺栓,拧紧力矩为20N·m。

桑塔纳2000GSi 的主销后倾角及主销内倾角不可调整。

东风EQ1092型汽车只有前束可通过改变横拉杆长度来调整,其他3个参数通过结构设计来保证其不可调整。

3. 后轮定位

一些采用独立悬架的现代轿车,除了设置转向轮定位外,非转向的后轮也设置定位,称为后轮定位。其内容包括后轮外倾和后轮前束。后轮外倾同前轮外倾一样,保护外轴承和外锁紧螺母。避免后轮外倾带来的"前展"而设置后轮前束,其作用与前轮前束相同。如桑塔纳 2000GSi 轿车后轮前束为 $25' \pm 15'$（后轮前束一般用前束角表示），后轮外倾角为 $-1°40' \pm 20'$。

三、车轮与轮胎

车轮与轮胎是汽车行驶系的主要部件，其作用是支撑汽车总质量；吸收和缓冲汽车行驶时所受到的路面冲击和振动；保证轮胎与路面的良好附着性能，以提高汽车的动力性、制动性和通过性。

（一）车轮的组成与结构形式

车轮的作用是安装轮胎。它由轮辋、轮毂及轮辐组成。按照连接部分（轮辐）构造的不同，车轮可分为辐板式车轮和辐条式车轮。

1. 辐板式车轮

辐板式车轮如图 2-1-18 所示，它主要由挡圈、轮辋、轮毂、辐板等组成。轮辋和轮毂由辐板相连。辐板上开有几个大孔，以便于拆装、充气，而且有利于减轻质量和制动鼓散热。由于其刚度好被广泛使用，目前东风 EQ1092 型和解放 CA1092 型汽车均采用该车轮。

2. 辐条式车轮

辐条式车轮如图 2-1-19 所示。轮辐一端与轮毂铸成一体，另一端用螺栓与轮辋衬块固定在一起。在有些高档轿车和赛车上，轮辐还采用钢丝辐条。

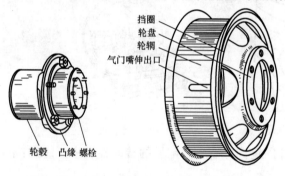

图 2-1-18　辐板式车轮

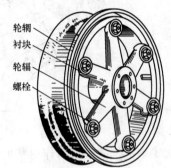

图 2-1-19　辐条式车轮

（二）车轮的主要零件

1. 轮毂

轮毂与制动鼓、轮辐和半轴凸缘连接，由圆锥滚子轴承支承在转向节轴颈或半轴套管上。

2. 轮辐

辐板式车轮上的轮辐与轮辋通过焊接或铆接固定成一体，并通过螺栓安装到轮毂上。
辐条式车轮的轮辐是钢丝辐条或者是和轮毂铸成一体的铸造辐条。

3. 轮辋

轮辋也称钢圈，用于安装车轮，按其结构特点不同可分深式轮辋、平式轮辋和可拆式轮辋 3 种，如图 2-1-20 所示。

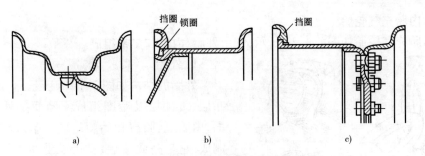

图 2-1-20 轮辋断面
a)深式轮辋;b)平式轮辋;c)可拆式轮辋

(三)国产轮辋规格表示方法

我国汽车轮辋规格用轮辋断面宽度(英寸)、轮辋名义直径(英寸)及轮缘高度代号(拉丁字母)来表示。直径数字前面的符号为轮辋结构形式代号,符号"×"表示该轮辋为一件式轮辋,符号"—"表示该轮辋为两件以上的多件式轮辋。

对于不同形式的轮辋,以上代号不一定同时出现,例东风 EQ1092 型汽车轮辋为 7.2—20,表示该轮辋断面宽度和名义直径分别是 7.2 英寸和 20 英寸的多件式轮辋。上海桑塔纳轿车轮辋规格为 5.5 J×13,表示其轮辋断面宽度和名义直径分别为 5.5 英寸和 13 英寸,轮缘高度为 17.27mm,属一件式轮辋。

(四)轮胎的作用与分类

轮胎安装在轮辋上,直接与路面接触。其作用是支撑汽车的总质量;吸收和缓和汽车行驶时所受到的部分冲击和振动,以保证汽车有良好的乘坐舒适性和行驶平顺性;保证轮胎与路面的良好附着,以提高汽车的动力性、制动性和通过性。

目前汽车几乎都采用充气轮胎。充气轮胎按胎内气压大小可分为高压胎(0.5~0.7MPa)、低压胎(0.15~0.45MPa)和超低压胎(0.15MPa 以下)。低压胎弹性好,具有较强的吸收振动能力,胎面较宽、附着力大、壁薄散热性好,目前被广泛应用。

充气轮胎按胎面花纹的不同又可分为普通花纹轮胎、越野花纹轮胎和混合花纹轮胎,如图 2-1-21 所示。

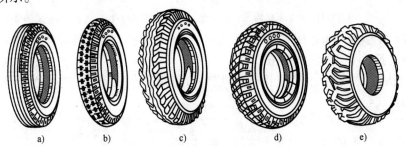

图 2-1-21 轮胎花纹
a)纵向花纹;b)横向花纹;c)混合花纹;d)马牙形花纹;e)人字形花纹

(五)充气轮胎的结构

充气轮胎按结构组成不同,可分有内胎轮胎和无内胎轮胎;按外胎帘布层结构不同,可分普通斜交轮胎和子午线轮胎。

1. 有内胎充气轮胎

有内胎充气轮胎如图 2-1-22 所示，它由外胎、内胎和垫带组成。

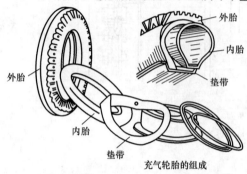

图 2-1-22　充气轮胎的组成

1）外胎

外胎的结构如图 2-1-23 所示，它由胎面、帘布层、缓冲层及胎圈组成。胎面是外胎的外表面，由胎冠、胎肩和胎侧组成。胎冠用耐磨橡胶制成，它与路面接触，直接承受冲击与磨损。为使轮胎与地面有良好的附着性能，在胎冠上制成各种形式的花纹。胎肩是较厚的胎冠与较薄的胎侧间的过渡部分，一般也制有花纹，以利散热。胎侧是贴在帘布层侧壁的薄橡胶层，它用以保护帘布层避免受机械损伤和潮湿。

帘布层（也称胎体）是外胎的骨架，用以保持外胎形状和尺寸，并使其具有足够的强度，通常由多层胶化的棉线或其他纤维组成。帘布的层数越多强度越大，但弹性下降。

相邻帘布层帘线交叉，帘线与胎面中心线夹角小于 90°的充气轮胎为普通斜交轮胎；与轮胎子午断面一致（即与胎面中心线成 90°角）的充气轮胎为子午线轮胎，如图 2-1-24 所示。它比普通轮胎胎体柔软，刚度、强度高。

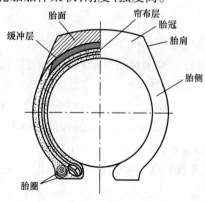

图 2-1-23　外胎的结构

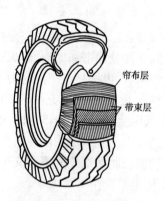

图 2-1-24　子午线轮胎的结构

缓冲层位于胎面和帘布层之间，由稀疏的帘布和橡胶制成，弹性较大，其作用是缓和汽车行驶时所受到的不平路面的冲击。

胎圈是帘布层的根基，由钢丝圈、帘布层包边和胎圈包布组成，有较大的刚度和强度，轮胎靠胎圈固装在轮辋上。

2）内胎

内胎是一个环形的橡胶管，其上有气门嘴，以便充气和放气。

3）垫带

垫带是一个环形的橡胶带，它垫在内胎和轮辋之间，保护内胎不被轮辋和胎圈磨伤。

2. 无内胎充气轮胎

无内胎充气轮胎的结构如图 2-1-25 所示，它虽然没有充气内胎，但在外胎内壁有一层很薄的专门用来封气的橡胶密封层，钉子刺破轮胎后，内部空气不会立即泄掉，安全性好。目前这种轮胎在轿车上应用较多。

（六）轮胎规格表示方法

充气轮胎尺寸的标记如图 2-1-26 所示。

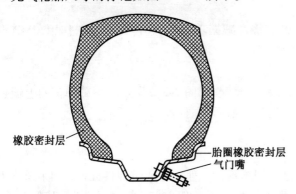

图 2-1-25　无内胎充气轮胎

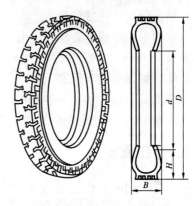

图 2-1-26　轮胎尺寸标记

高压轮胎规格一般用 $D \times B$ 表示。D 为轮胎的外径，B 为轮胎断面宽度，单位均为英寸，"×"表示高压胎。高压胎在汽车上已很少使用。

低压胎由两个数字中间加"—"表示$(B-d)$，例如：9.00—20，表示轮胎断面宽度为9英寸；轮辋直径为20英寸。如果中间为"R"则表示子午线轮胎。如东风 EQ1092 型汽车用的 9.00R20 子午线轮胎。

有的轮胎则用 ISO 标准来表示，如上海桑塔纳轿车轮胎规格标记及含义如下：

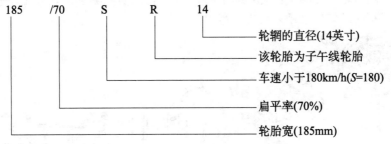

课题 2　悬　架

汽车悬架是车架（或承载式车身）与车桥（或车轮）之间的传力装置。其作用是把路面作用于车轮上的各种力及力矩传递到车架（或承载式车身）上，并减小由于路面不平而引起的冲击和振动，保证汽车的行驶平顺性。

根据汽车两侧车轮运动是否相互关联，汽车悬架可分为独立悬架和非独立悬架两大类。

一、非独立悬架

非独立悬架如图 2-2-1 所示，其特点是两

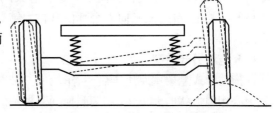

图 2-2-1　非独立悬架结构示意图

侧车轮安装在一根整体的车桥上,车轮连同车桥一起通过弹性元件与车架(或车身)连接。当一侧车轮因路面不平等原因相对车架(或车身)发生位置变化时(如图中右侧车轮跳动),另一侧车轮的位置也随之发生变化。非独立悬架主要有以下两种。

1. 钢板弹簧非独立悬架

该悬架采用钢板弹簧作弹性元件,既有缓冲减振功能,又起传力和导向作用,其结构简单。东风 EQ1092 型汽车就采用这种悬架。

2. 螺旋弹簧非独立悬架

螺旋弹簧非独立悬架一般只用作轿车的后悬架,如图 2-2-2 所示。螺旋弹簧的上端装在车身的支座上,下端固定于后桥的座上,并设有纵横导向杆件。

二、独立悬架

独立悬架如图 2-2-3 所示,其特点是两侧车轮各自独立地通过弹性元件悬挂在车架(或车身)下面,其车桥都是断开式的,当一侧车轮相对于车架(或车身)的位置发生变化时,对另一侧车轮几乎不产生影响。按结构差异,独立悬架可分若干种类型。常见的主要有以下几种:

1. 麦弗逊式悬架

麦弗逊式悬架的结构如图 2-2-4 所示,它主要由减振器、螺旋弹簧、横摆臂、横向稳定杆等组成。麦弗逊式悬架没有传统的主销实体,车轮沿着摆动的主销轴线运动。因此,当这种悬架变形时,车轮、主销的倾角和轮距都有会发生变化。该悬架结构简单,布置紧凑,用于前悬架时能增大两前轮内侧的空间,故多用于发动机前置、前轮驱动的轿车上。一汽捷达、上海桑塔纳等轿车前悬架均采用麦弗逊式悬架。

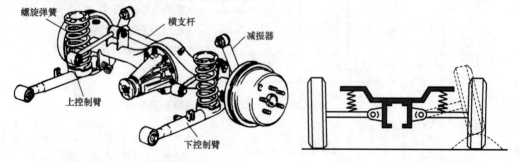

图 2-2-2 螺旋弹簧非独立悬架　　　　图 2-2-3 独立悬架结构示意图

2. 烛式悬架

烛式悬架的车轮沿固定不动的主销轴线移动,如图 2-2-5 所示。主销刚性地固定在车架上,转向轮、转向节则装在套筒上。这种悬架的主销定位角不变化,使汽车具有良好的转向操纵及行驶稳定性,但侧向力全部由套在主销上的套筒和主销承受,套筒与主销之间的摩擦阻力大,磨损严重。

3. 拖动臂式悬架

拖动臂式悬架主要用于后轮,车轮前方带有枢轴的拖动臂上下摆动,车轮以拖动臂枢轴为中心作圆弧状的上下运动,按照拖动臂枢轴的位置可分全拖动和半拖动臂式悬架。

全拖动臂式悬架如图 2-2-6 所示,其拖动臂枢轴与车身中心线成直角。半拖动臂式悬架如图 2-2-7 所示,其拖动臂与车身中心线成倾斜状态。

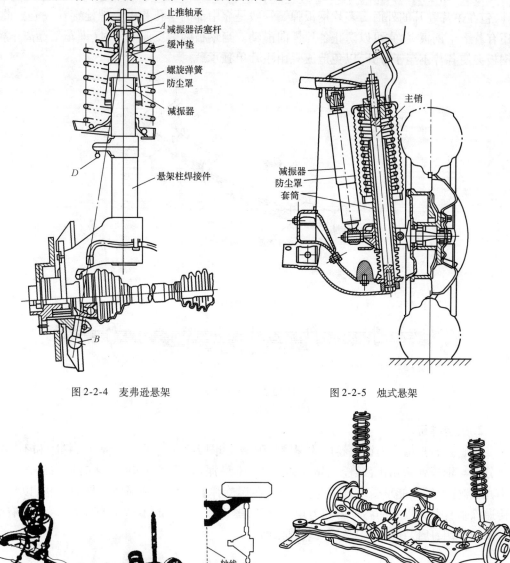

图 2-2-4　麦弗逊悬架　　　　图 2-2-5　烛式悬架

图 2-2-6　全拖动臂悬架　　　　图 2-2-7　半拖动臂悬架

三、悬架的主要零部件

(一)弹性元件

1. 钢板弹簧

钢板弹簧结构简单,使用可靠,维修方便,因而广泛被载货汽车采用。它由若干钢板弹簧片组合而成,其结构如图 2-2-8 所示。钢板弹簧第一片最长,称为主片,其两端弯成卷耳,内装衬套,以便用钢板销与车架连接。为增加主片卷耳的强度,常将第二片两端也弯成卷耳,包在主片卷耳的外面。多片钢板弹簧一般是靠中部的小孔和中心螺栓穿在一起。此外,还有若干个钢板夹,它可以防止各片横向滑动。当钢板弹簧反向变形时（即车架远离车桥）,钢板夹使各片不至于分开,以免造成只由主片单独承载。

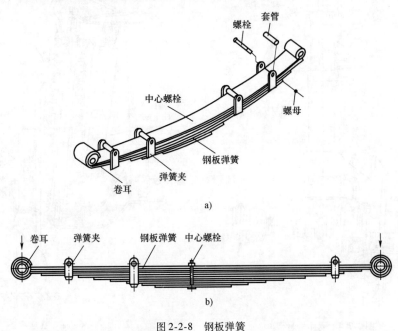

图 2-2-8 钢板弹簧
a)对称式钢板弹簧；b)非对称式钢板弹簧

2. 螺旋弹簧

螺旋弹簧是由一根钢丝卷成的螺旋状弹簧,如图 2-2-9 所示。弹簧有等螺距和不等螺距之分。与钢板弹簧相比,螺栓弹簧无需润滑,不忌泥污,质量较小,安装时所占纵向空间较小,但螺栓弹簧只能承受垂直载荷。为此,在螺旋弹簧悬架中必须装有导向机构,以承受并传递除垂直载荷以外的各种力和力矩。此外,螺旋弹簧变形时不产生摩擦力,因而没有衰减振动的作用,所以在悬架中必须安装减振器。

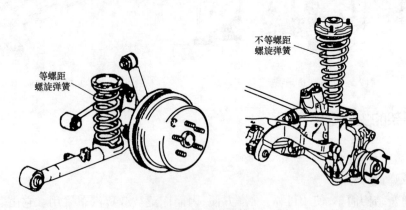

图 2-2-9 螺旋弹簧

3. 横向稳定杆

横向稳定杆是一根横贯车身下部的弹性扭杆,横向安装在汽车前端的发动机悬架上,两侧末端用橡胶衬套与悬架臂相连,如图 2-2-10 所示。当一侧前轮与车身的垂直距离减少或增加时,通过横向稳定杆扭转,可相应地改变另一侧车轮与车身的距离,从而减少了车身的倾斜。它的安装提高了汽车行驶的平顺性、舒适性和操纵稳定性。

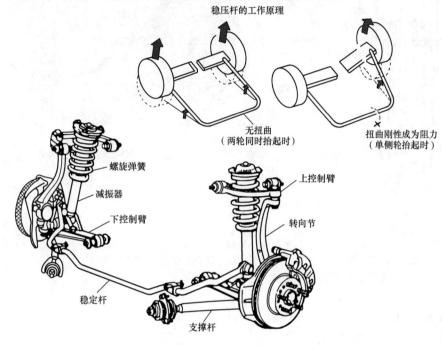

图 2-2-10 横向稳定杆

(二)减振器

减振器的作用是吸收弹性元件起落时汽车的振动能量,使其迅速恢复平稳状态,改善汽车行驶的平顺性。减振器和弹性元件是并联安装的。

减振器的工作原理是利用液体的流动阻力来消耗振动能量,当车架与车桥作往复相对运动时,减振器内的液体反复地从一个腔室通过一些窄小的孔隙流入另一个腔室。减振器油穿过孔隙时产生的强烈摩擦形成了对车架振动的阻尼,使车架、车身的振动能量转化为热能散发到大气中。

目前汽车上广泛采用双向作用筒式减振器。双向作用筒式减振器在压缩和伸张两个行程均起减振作用,其结构如图 2-2-11 所示。双向作用筒式减振器在压缩行程时阻力较小,使钢板弹簧能充分发挥缓冲作用。伸张行程时,其阻力远远超过了压缩行程,减振器可充分发挥减振作用。

四、桑塔纳 2000GSi 悬架

(一)前悬架

该悬架采用麦弗逊悬架,它由双向筒式前减振器、螺旋弹簧、悬架柱焊接件、聚氯脂缓冲垫、橡胶防尘罩和金属橡胶推力轴承组合件等组成,如图 2-2-12 所示。

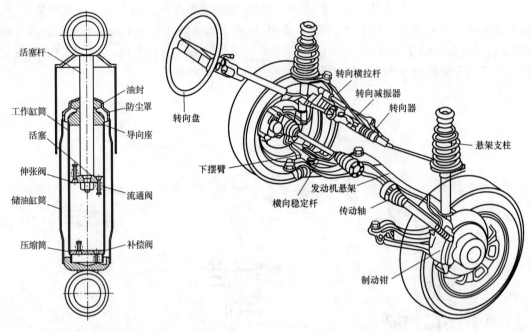

图 2-2-11 双向作用筒式减振器示意图

图 2-2-12 桑塔纳轿车前悬架

1. 前悬架的拆卸

1)从车上拆下前悬架支柱

(1)取下车轮装饰罩。

(2)旋下轮毂与传动轴紧固螺母。注意车轮必须着地。

(3)拆下制动钳固定螺栓,取下制动软管支架,并用铁丝将制动钳固定在车身上。

(4)拆下转向横拉杆球接头紧固螺母,从减振器支柱转向臂上压下横拉杆球接头。

(5)拆下横向稳定杆。

(6)拆下下摆臂球头销的紧固螺栓,向下压动下摆臂,使之与轮毂轴承壳脱开。

(7)拆除传动轴内万向节与半轴凸缘的连接螺栓,并从轮毂中压出传动轴,如图 2-2-13 所示。

(8)取下前悬架支柱盖,用内六角扳手及专用工具拧下活塞杆上端的紧固螺母,如图 2-2-14 所示,从车上取下前悬架支柱。

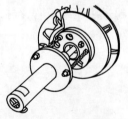

图 2-2-13 压出传动轴

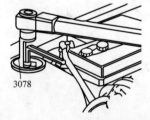

图 2-2-14 拆卸悬架支柱上端的紧固螺母

2）前悬架支柱的解体

（1）用专用工具 V.A.G1403 或 VW340 压缩螺旋弹簧,如图 2-2-15 所示。

（2）用内六角扳手固定住减振器活塞杆,然后用开口扳手拧下活塞杆上端的锁紧螺母,如图 2-2-16 所示。

（3）放松专用夹具,取下止推轴承上弹簧座、橡胶缓冲块、护套及螺旋弹簧等零件。

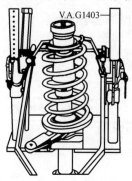
图 2-2-15 压缩螺旋弹簧

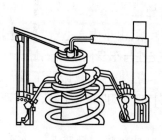
图 2-2-16 拆卸活塞杆上端的锁紧螺母

（4）将转向节臂夹在虎钳上,用专用工具拧下减振器固定螺盖,取下减振器,如图 2-2-17 中箭头所示。

（5）用专用工具从轮毂轴承承盖上压下轮毂,并从支承孔中拆除轴承卡环,压出轮毂轴承,如图 2-2-18 所示。

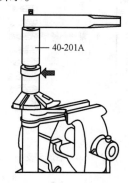
图 2-2-17 拆卸减振器固定螺盖

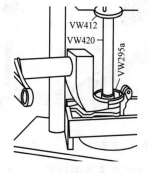
图 2-2-18 压出轮毂轴承

2. 前悬架主要零件检修

1）减振器的检查和更换

在车辆行驶过程中,减振器发出异常的响声或漏油严重,应更换。

2）螺旋弹簧的检查

当螺旋弹簧的自由长度明显减小,弹力明显下降或出现裂纹时,应换用新件。同一车桥两边的弹簧最好同时更换。

3）其他零部件

减振器护罩、限位缓冲块及波纹管老化、破裂,推力轴承转动不灵活,横向稳定杆及其固定夹出现变形及裂纹,各橡胶支承衬套损坏等,均应更换。

3. 前悬架的装配

前悬架的装配按拆卸相反顺序操作,但应注意下列事项:

(1) 所有的螺母均应更换新件。

(2) 螺母、螺栓的紧固力矩应符合规定值。

(二) 后悬架

桑塔纳 2000GSi 后悬架采用螺旋弹簧非独立悬架,如图 2-2-19 所示。

1. 后悬架的拆卸

(1) 支撑住后悬梁,由车内向上弯起减振器上方的底板。

(2) 拧下悬架支柱与车身间的紧固螺母(方法同前悬架相同)。

(3) 慢慢抬高车身,并拆下减振器下端与后悬梁的连接螺栓,取出悬架支柱(车身两侧的减振器总成不得同时拆卸,以防后悬梁与车身铰接处的橡胶—金属胶合轴衬受力过大而损坏)。

(4) 按图 2-2-20 所示将后悬架支柱分解。

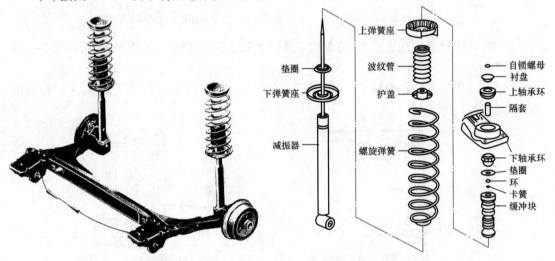

图 2-2-19 桑塔纳 2000GSi 后悬架　　　图 2-2-20 后悬架支柱总成分解图

2. 后悬架主要零件的检修

后悬架各零部件的检修方法参照前悬架各零部件。

3. 后悬架的装配

(1) 按图 2-2-20 所示,将减振弹簧等零件套装到减振器上。

(2) 将后悬架支柱放入车身与后悬梁之间,并用螺栓将其下端固定到后悬梁上。

(3) 将后悬架支柱上端紧固到车身上,并整理好盖板。

五、东风 EQ1092 型汽车悬架

1. 前悬架结构

图 2-2-21 为东风 EQ1092 型汽车的前悬架分解图。如图所示,钢板弹簧的中部用 U 形螺栓固定在前轴上,其前端有卷耳,卷耳中压入衬套,用钢板弹簧销与前支架相连,形成固

定的铰链,而后端采用滑板式支承。悬架第二片弹簧带有直角弯边,防止钢板弹簧脱出。在钢板弹簧U形螺栓盖板上装有橡胶缓冲块,以防止弹簧直接撞击车架。钢板弹簧销上钻有轴向油道及径向油道,通过油嘴可将润滑脂加注到衬套处进行润滑。

前悬架装有双向作用筒式减振器,通过上下吊环分别固定在车架和车桥相应的支架上。

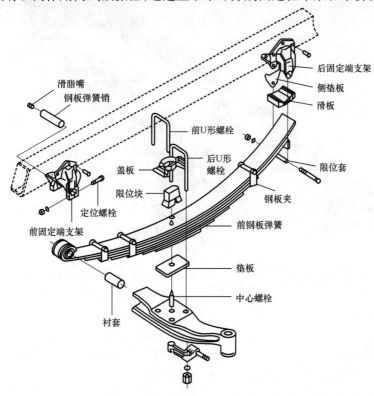

图 2-2-21　东风 EQ1092 型汽车前悬架分解图

2. 前悬架的拆卸

东风 EQ1092 型前悬架分解步骤如下:

(1)用楔块掩住后轮,用千斤顶顶起车架前端并支牢。
(2)拆下减振器总成。
(3)拧下 U 形螺栓紧固螺母,取下减振器下支架使前轴落地,并取下 U 形螺栓、弹簧盖板及限位块等零件。
(4)拆下前钢板弹簧销定位螺栓。
(5)冲出钢板弹簧销使钢板弹簧与固定端支架分离。
(6)拆下滑板支架上的钢板弹簧限位螺栓及销套,取下前弹簧总成。
(7)拆下钢板弹簧夹箍螺栓及中心螺栓,使各片钢板弹簧分离。

3. 后悬架结构

图 2-2-22 所示为东风 EQ1092 型汽车后悬架。由于汽车行驶时后悬架所承受的载荷随实际装载质量不同而在很大范围内变化,要求悬架刚度变化幅度较大,所以后悬架由主钢板弹簧和副钢板弹簧叠合而成。

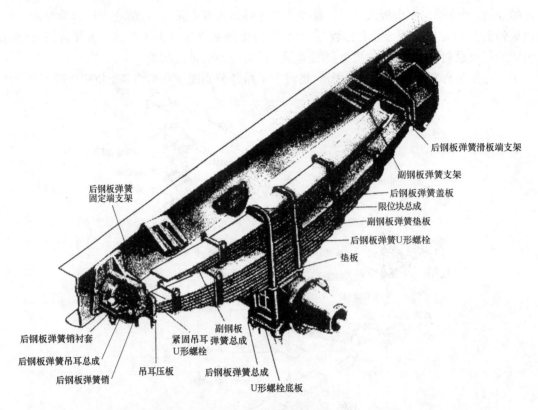

图 2-2-22　东风 EQ1092 型汽车后悬架

当汽车空载或实际装载质量不大时,由主钢板弹簧单独承载。在重载或满载情况下,车架相对车桥下移,副钢板弹簧与主钢板弹簧共同承载。

4. 后悬架的拆卸

东风 EQ1092 型后悬架分解步骤如下:

(1) 支起车架后端,拆下 U 形螺栓使后桥落地,并取下 U 形螺栓底板、U 形螺栓、钢板弹簧盖板、副钢板弹簧总成及垫块等零件。

(2) 按照与前钢板弹簧相同的方法,拆下后钢板弹簧总成并分解。

5. 钢板弹簧式悬架主要零件的检修

(1) 钢板弹簧的检修。

钢板弹簧出现裂纹、折断时,应换用新件。钢板弹簧夹箍及各固定支架出现裂纹,应更换。钢板弹簧销衬套磨损超过 1.00mm 时应更换衬套。

(2) 减振器的检修。

用手推拉减振器活塞时,应有较大的运动阻力,而且全行程阻力大小应均匀,不得有空行程及卡滞现象,伸张行程的阻力应大于压缩行程的阻力,否则,应更换减振器。减振器严重漏油时,也应换用新件。

6. 钢板弹簧式悬架的装配

各零件检修完毕,可按如下顺序进行装配:

(1) 清除钢材弹簧上的泥污及锈迹,并在各片弹簧之间涂抹石墨润滑脂。

（2）对正各片钢板弹簧的中心螺栓孔,紧固好中心螺栓。

（3）安装钢板弹簧夹箍套管及夹箍螺栓,夹箍内侧与钢板弹簧应有0.7~1.0mm的间隙,夹箍套管与钢板弹簧顶面距离应为1~3mm,以保证各片弹簧自由伸缩。夹箍螺栓应从远离轮胎的一侧穿入,以防使用中螺栓窜出刮伤轮胎。

（4）将衬套压装到钢板弹簧卷耳中,用钢板弹簧销将钢板弹簧与车架上的固定端支架相连,并装好弹簧销定位螺栓（前钢板弹簧）或楔形锁销（后钢板弹簧）。

（5）用钢板弹簧限位螺栓及限位销套将弹簧支承到滑板端支架上。钢板弹簧两侧与固定支架的间隙大于1.0mm时,应在两侧加垫片调整。

（6）放好钢板弹簧限位块、盖板、前轴及减振器下支架,按规定力矩拧紧U形螺栓,并装好减振器。

（7）放好垫板、副钢板弹簧、盖板、后桥、U形螺栓及底板,按规定力矩拧紧后悬架U形螺栓。

课题3 电子控制悬架

传统悬架结构参数不能主动地适应行驶中不断变化的路面要求,称为被动悬架。以微电脑为核心,对汽车悬架系统参数,包括弹簧刚度、减振器阻尼力、车身高度等实行实时控制的悬架称为主动悬架或电控悬架。

现以凌志LS400电控悬架系统（图2-3-1）为例,介绍其具体结构、工作原理及检修方法。

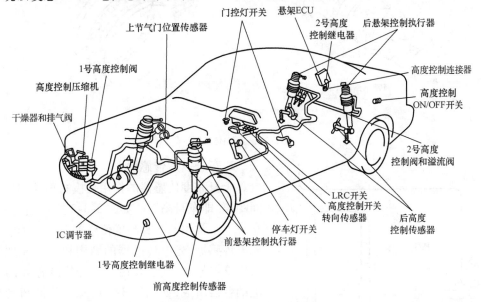

图2-3-1 凌志LS400电控悬架组成图

一、电子控制悬架系统的组成及结构

凌志LS400悬架控制系统可对车高、悬架弹簧刚度和减振器阻尼各参数进行主动调节。与其他控制系统一样,悬架控制系统一般也包含传感器、电子控制单元和执行机构三部分。

传感器用来感受汽车运动状态（路况和车速及起动、加速、转向、制动等工况）,并将各种状态转变为电信号输送给电控单元(ECU)。

电子控制单元对传感器输入的电信号进行综合处理,向执行机构发出控制指令。

悬架控制系统的执行机构是电磁阀、步进电机和空气压缩机。它们接受来自电子控制单元的控制指令,准确、快速和及时地做出动做反应,实现对弹簧刚度、减振器阻尼和车身高度的调节。

(一)传感器

1. 转向传感器

转向传感器的作用是检测转向盘转动方向转向速度和转向角度。它由转向传感器组件和有槽圆盘(开缝盘)组成。转向传感器组件有两组发光二极管和光电晶体管(也称光电耦合器),两者面对面布置于开槽圆盘两侧,固定在转向柱管上。开槽圆盘固定在转向轴上,并随其转动,如图2-3-2所示。当有槽圆盘随转向轴转动时,两个光电耦合器周期性地输出电信号,电控单元根据光电耦合器输出电信号的频率,检测出转向盘的转角和转速。同时由于两组光电耦合器电信号的相位相差90°,根据两组光电耦合器输出信号的先后顺序,即可检测出转向盘的转动方向。

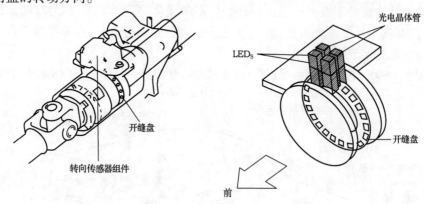

图2-3-2　转向传感器

2. 车身高度传感器

车身高度传感器的作用是检测车身和悬架之间距离,即车身高度。如图2-3-3所示,它安装在车身上。常用的车身高度传感器有霍尔传感器和光电传感器,光电传感器的结构和工作原理与转向传感器相同,它主要由一个开槽圆盘和四组光电耦合器组成,如图2-3-4所示。开槽圆盘与杠杆固定,并通过连杆与摆臂相连。当车身高度发生变化时,连杆随摆臂上下移动,从而带动杠杆和开槽圆盘转动,向电控单元输出电信号,电控单元依此判断车身高度。

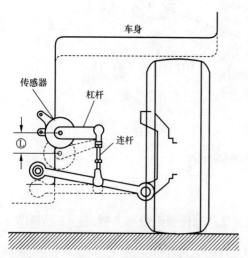

图2-3-3　车高检测示意图

3. 车速传感器

车速传感器输出与车轮转速相对应的脉冲信

号,悬架 ECU 利用该信号与转向传感器信号一起来计算车身的侧倾程度,从而适时控制汽车的抗侧倾能力。

4. 悬架控制开关

悬架控制开关包括 LRC 开关和车高控制开关,它们均装在驾驶室变速器控制杆旁边,如图2-3-5所示。LRC 开关用于选择悬架的刚度、减振器阻尼力参数。当 LRC 开关处于"SPORT"位置时,减振器阻尼处于"中"状态,悬架刚度处于"硬"状态;当 LRC 开关处于"NORM"位置时,减振器阻尼处于"软"状态,悬架刚度处于"软"状态。车高控制开关在"NORM"时,车辆高度设置为标准;当开关在"HIGH"时,车辆高度设置为高。

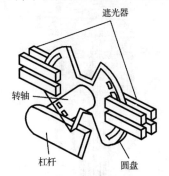

图 2-3-4 车高传感器工作原理图

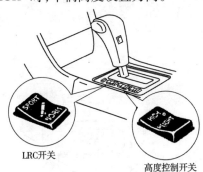

图 2-3-5 控制开关

(二)悬架控制执行机构

悬架控制执行机构的作用是调节减振器的阻尼力、车身高度和空气弹簧的刚度。

1. 悬架阻尼调节装置

悬架阻尼的调节是通过改变减振器阻尼孔截面的大小来实现的,其结构如图2-3-6所示。阻尼调节杆上端与控制执行器(如图2-3-7所示)或直流电动机相连,执行器或电机接受控制单元指令使阻尼调节杆转动时,与减振器阻尼调节杆连接的回转阀随之转动,开闭3个阻尼孔以实现高、中、低3种阻尼状态的调节。

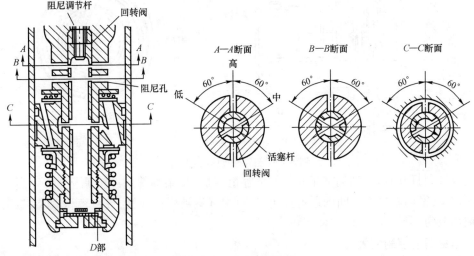

图 2-3-6 悬架阻尼调节装置

当 A、B、C 三个截面的阻尼孔全部被回转阀封住时,只有减振器下面的阻尼孔(D 部)工作,减振器的阻尼最大(阻尼处于"高"状态);回转阀从高状态顺时针转动 60°,则 B 截面的阻尼孔打开,A、C 截面阻尼孔仍关闭。减振器的阻尼处于"中"状态;回转阀从高状态逆时针转动 60°,则 3 个截面的阻尼孔全部打开,减振器处于"低"状态。

2. 悬架刚度调节装置

空气悬架气动缸的结构如图 2-3-8 所示,其气室分为主气室和副气室,主、副气室之间没有空气阀。步进电机或悬架控制执行器通过空气阀控制杆带动空气阀转动时,可打开或关闭主气室和副气室的空气通道,如图 2-3-9 所示。

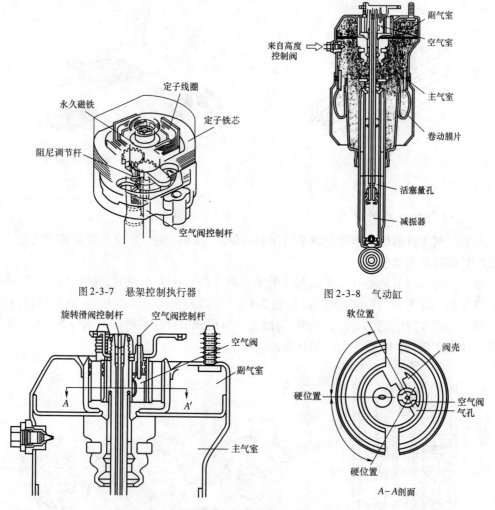

图 2-3-7 悬架控制执行器

图 2-3-8 气动缸

图 2-3-9 悬架刚度的调节原理

当空气阀打开时,主副气室相通。气室容量增加,悬架弹簧刚度被调至"软";当空气阀关闭时,主气室与副气室之间的通道关闭,只有主气室被用作弹簧,气室容积减小,悬架弹簧刚度被调至为"硬"。

3. 车身高度控制装置

车身高度控制与空气悬架刚度调节为同一气动缸。见图 2-3-8。增、减主气室内的压缩空气量,即可调节车辆高度。

当 ECU 控制高度电磁阀(如图 2-3-10 所示)使压缩空气进入气动缸的主气室,主气室伸长,车身升高;反之,车身降低。电子控制悬架的空气管路如图 2-3-11 所示,1 号高度控制阀用于控制前悬架,由 2 个高度控制阀分别控制左、右气动缸,2 号高度控制阀用于控制后悬架。

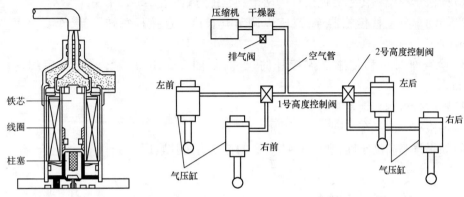

图 2-3-10　高度电磁阀　　　　图 2-3-11　电子调节悬架空气管路

二、电子控制悬架系统的检修

(一) 车身高度调整功能的检查

操纵高度控制开关,检查汽车高度的变化:

(1) 起动发动机,将车身高度控制开关从"正常"位置转到"高"位置,检查车身高度的变化情况及所需的时间。从操作高度控制开关到压缩机起动的时间应不超过 2s;从压缩机起动到完成高度调整的时间应不超过 20~40s。汽车高度的变化量应为 10~30mm,如图 2-3-12a)所示。如果不符合要求,应对车身高度调节系统进行检查。

(2) 将高度控制开关从"高"转换到"正常"位置,检查车身高度的变化和所需的时间。从操纵高度控制开关到开始排气的时间应不超过 2s;从开始排气到完成高度调整的时间应不超过 20~40s;汽车高度的变化量应为 10~30mm,如图 2-3-12b)所示。

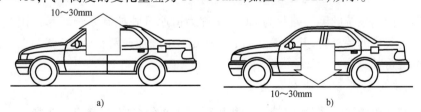

图 2-3-12　汽车高度的变化量

(二) 空气管路漏气检查

管路漏气将直接影响悬架正常的调节功能,漏气一般发生在管路的接头处。检查方法如下:

(1) 起动发动机。

(2) 将手动开关拨到"高"位置,使车身升高。

(3) 待车身升高后,关闭点火开关。
(4) 在管路的接头处,涂上肥皂水,检查有无漏气。

(三) 车身高度的调整

如果车身高度不符合规定,应通过转动车身高度传感器连杆进行高度调整。

(1) 拧松车身位移传感器连接杆的两个锁紧螺母,如图2-3-13所示。

(2) 转动车身位移传感器连接杆,以调节其长度。连接杆每转一圈,车身高度变化约为4mm。

(3) 检查车身位移传感器连接杆的尺寸,如图2-3-14所示,前端和后端均应不小于13mm。

(4) 暂时拧紧两只锁紧螺母。

(5) 再检查一次汽车高度。

(6) 如果汽车高度正确,则以4.4N·m的拧紧力矩拧紧螺母。

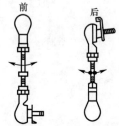
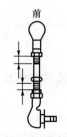
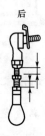

图2-3-13 车身位移传感器连杆的调节　　图2-3-14 车身位移传感器连杆尺寸检查

课题4　汽车巡航控制系统

一、汽车巡航控制系统的作用及组成

(一) 汽车巡航控制系统的作用

汽车巡航控制系统的英文缩写为CCS,又称为恒速行驶控制系统。其作用是当汽车行驶速度达到驾驶员的要求时,开启该装置,驾驶员不用踩加速踏板,汽车就会在一定范围内按设定的速度行驶。

(二) 汽车巡航控制系统的组成

巡航控制系统由输入部分、电控单元和执行器3部分组成,如图2-4-1所示。电控单元接收两个输入信号:分别是指令车速信号和来自车速传感器的实际车速反馈信号。电控单元检测两个输入信号之间的误差后发送控制信号到节气门执行器,节气门执行器根据控制信号调节发动机的节气门开度,从而保持车速恒定。下面以本田雅阁轿车为主,介绍其基本结构及工作原理。

1. 巡航控制系统输入信号

1) 车速传感器

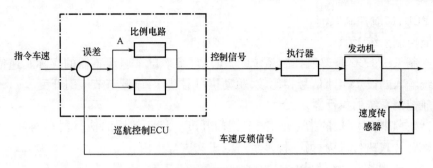

图 2-4-1 巡航控制系统的基本工作原理

车速传感器的作用是使巡航控制 ECU 得知当时的车速。

2)控制开关信号

控制开关分为杆式开关和按键开关。如凌志 LS400、佳美 2.0L 轿车上采用杆式开关,如图 2-4-2 所示;而本田雅阁 F20B 和 F23A 轿车上则采用按键式开关。本田雅阁 F20B 和 F23A 主开关安装在仪表板左侧,功能开关在转向盘上。如图 2-4-3 所示。主开关是巡航系统的主电源开关。功能开关控制 5 个不同的功能,分别是设定(SET)、减速(COAST)、恢复(RES)、加速(ACC)和取消(CANCEL)。其中设定(SET)和减速(COAST)模式共用一个按键,恢复(RES)和加速(ACC)模式共用另一个按键。

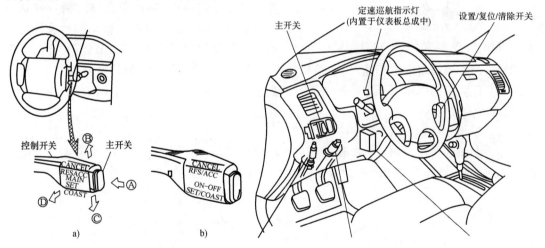

图 2-4-2 丰田轿车巡航控制系统操纵手柄
a)凌志 LS400 轿车;b)佳美 2.2L/3.0 轿车

图 2-4-3 本田雅阁 F20B 和 F23A 巡航控制开关

3)制动开关信号

车辆巡航行驶时,为确保行车安全。ECU 接收到制动信号时,自动切断巡航控制系统电源。

4)驻车制动器开关信号

当拉起驻车制动器操纵杆时,驻车制动器开关就接通。该信号传送至巡航控制 ECU 时,巡航控制就被取消。

5)空挡起动开关信号

当换挡杆设置在自动变速器的 P 或 N 挡位时,空挡起动开关即接通,将取消信号传送至巡行控制 ECU,巡航控制取消。

2. 巡航控制系统 ECU

巡航控制系统 ECU 是巡航控制系统的核心,它将来自车速传感器的实际车速信号与巡航控制系统输入的设定车速信号相比较,驱动执行器动作,以调节节气门开度。

3. 巡航控制系统的执行器

执行器按照来自 ECU 的指令增、减节气门开度。目前使用的执行器有两种类型,一种是真空电磁膜片式执行机构;另一种是步进电机式执行机构。

1)真空电磁膜片式执行机构

本田雅阁 F20B 和 F23A 轿车采用真空电磁膜片式执行机构,如图 2-4-4 所示。它由真空驱动片、真空电磁阀、空气电磁阀、可变电感式位置传感器和拉索等组成。可变电感式位置传感器的作用是向 ECU 提供节气门修正信号,以确定恒速装置是否校正了车速误差。

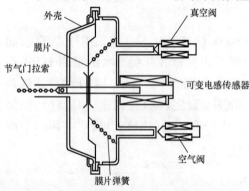

图 2-4-4 巡航控制真空电磁膜片式执行机构

汽车在巡航行驶状态时,真空电磁阀与空气电磁阀均关闭,膜片室内真空度恒定,膜片及拉索保持节气门在一定位置,车速恒定。如果车速低于设定速度,电控单元发出指令使真空阀开启,增大膜片室真空度,吸动膜片及拉索克服节气门复位弹簧弹力,增大节气门开度,使汽车加速。当车速超过设定车速时,电控单元发出指令使空气阀打开,膜片室真空度下降,节气门在复位弹簧的作用下开度减小,使汽车减速。解除巡航控制时,真空阀关闭,空气阀打开,膜片与大气相通。

2)步进电机式执行机构

凌志 LS400 轿车采用步进电机式执行机构,如图 2-4-5 所示。它采用直流永磁式双向步进电动机,通过改变电动机的电流方向就可改变电动机的运动方向。

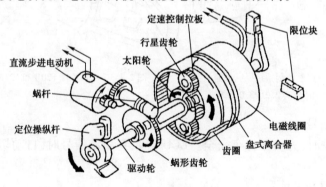

图 2-4-5 巡航控制步进电机式执行机构

当接通巡航控制主开关时,电磁线圈通电,巡航控制离合器吸合,巡航控制系统开始起作用,再由两个限值块相配合,使巡航控制系统在规定的车速范围内起作用。定速操纵杆与节气门相连,用来控制节气门开度。定速操纵杆通过一套蜗轮蜗杆系统,由直流步进电机控制其转角,而直流步进电机直接由巡航控制 ECU 的输出电压控制。

二、汽车巡航控制系统的使用及注意事项

(一)汽车巡航控制系统的使用

下面以本田雅阁 F20B 和 F23A 轿车为例,介绍巡航控制装置的使用方法。

1. 设定巡航速度

(1)按下仪表左侧主开关,然后松开,巡航指示灯点亮。

(2)踩下加速踏板以获得想要的车速(40~200km/h)时,按下 SET/COAST 按钮然后松开,该车速就寄存在巡航控制 ECU 的存储器中,并以此车速恒速行驶。

2. 在 CCS 控制下加减速

1)重新设定至较高的车速

重新设定有两个可行的方法,一个是用控制开关,另一个是用加速踏板。

(1)用控制开关:按下 RES/ACC 按钮,直至达到所想要的速度,然后松开该按钮。

(2)用加速踏板:踏下加速踏板,以获得所想要的速度;按下 RES/ACC 按钮,在达到所想要的车速时松开。

2)重新设定至较低的车速

重新设定有两个可行方法,一个是用控制开关,另一个是用加速踏板。

(1)用控制开关:按下 SET/COAST 按钮,直至达到所想要的速度,然后松开该按钮。

(2)用加速踏板:松开加速踏板,以获得所想要的车速;按下 SET/COAST 按钮,当达到所想要的车速时松开。

3. 快速降速和快速升速

当实际车速和设定车速相差不到 5km/h 时,每次快速按动 SET/COAST 或 RES/ACC 开关,在 0.6s 以内,设定车速就下降或增加 1.6km/h,此功能称为点动减速和点动加速。

4. 取消巡航控制

如有下列任何一种情况发生,巡航控制就会自动取消:

(1)按下 CANCEL(取消)按钮。

(2)踩下制动踏板。

(3)将自动变压速器换挡杆置于 N 位置。

(4)将驻车制动器操纵杆拉起。

(5)车速降至 40km/h 以下。

5. 恢复预设车速

只要车速没有降至 40km/h 以下,按下 RES/ACC 按钮,车速就会恢复预设巡行车速。

(二)巡航控制装置使用注意事项

(1)为了使汽车获得最佳控制,在交通拥挤场合以及湿滑路面行驶,不要启用巡航装置。

(2)在不使用巡航控制装置时,要确认巡航控制装置的指令开关处于关闭状态。

(3)在上下陡坡时,不要使用巡航控制装置。

(4) 对于装备手动变速器的汽车,使用巡航控制装置行驶时,严禁在未踩下离合器的情况下将变速杆推入空挡。

三、汽车巡航控制系统的检修

1. 本田雅阁 F20B 和 F23A 轿车巡航控制系统的路试检查

巡航控制系统工作是否正常,可进行路试检验。路试检验的项目和方法见表 2-4-1。

巡航控制系统的路试检查项目　　　　　　表 2-4-1

路试项目	正常情况
试验车速在 40km/h 以上,使巡航控制开关接通,按下设置开关一次立即释放,右脚离开加速踏板	汽车能保持所设定的车速
一直压按着设置开关,至车速降低 7~8km/h,释放设置开关	若试验车速在 40km/h 以上,超过 1s,压按设置开关便出现车速下降,并使巡航控制系统在新的较低的车速下恒速工作
一直压按着复位开关,至车速增加 7~8km/h,释放复位开关(让其回位)	若汽车能加速,并能使巡航控制系统在新设置的较高的车速下恒速工作
轻轻踩下制动踏板	巡航控制系统脱开,节气门回至急速位置
压按或抬起复位开关一次并立即释放	车速增加并能保持原设置车速
压按或抬起复位开关一次并立即释放	车速增加 1.6km/h 并能保持新设置车速
压按或抬起设置开关一次并立即释放	车速减少 1.6km/h 并能保持新设置车速
恒速控制主开关断开	巡航控制系统脱开,节气门回至急速位置

2. 巡航控制系统的检修

巡航控制系统的常见故障是巡航控制系统不能接合;巡航控制系统不能保持所设置的车速以及巡航控制系统不能复速、加减速或点动加减速等。在进行故障诊断之前,应先对执行机构的连接情况进行检查,检查执行机构与节气门的连接杆件是否变形或连接松动;巡航控制系统各连接导线是否有绝缘损坏、裸露或折断;巡航控制系统安装是否正确,插头是否连接可靠等。经确认上述外部件都良好时,才能对巡航控制系统进行检修。

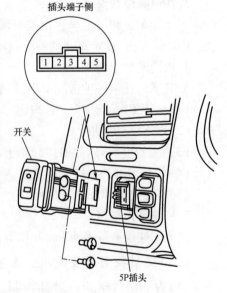

图 2-4-6　将主开关撬出仪表板

1)主开关的检测

(1) 小心地将主开关撬出仪表板,如图 2-4-6 所示。

(2) 断开主开关 5 针插头。

(3) 按表 2-4-2 所示,检查开关在每一位置(接通或断开)时端子之间的导通性。若连线端子间不导通,则应更换主开关。

2)设置/复位/清除开关的检测

主开关端子之间的导通性　　　　　　　　　　　　　表 2-4-2

端子号	1	2	3	4	5
断开	○—|—○—|—○		○—|—○—|—○	
接通	○—|—○—|—○—|—○—|—○—|—○				

（1）断开蓄电池负极导线，再断开正极导线，并至少等待 3min，断开驾驶席侧和助手席侧安全气囊插头。

（2）拆下仪表板下盖和膝垫，从转向盘上断开设置/复位/清除开关线束 4 针插头，如图 2-4-7 所示。

（3）按表 2-4-3 所列，在开关各位置测量设置/复位/清除开关 4 针插头各端子间的导通性。若连线端子间不导通，应更换设置/复位/清除开关。

设置/复位/清除开关 4 针插头各端子间的导通性　　　　表 2-4-3

端子号	4	3	2
设备（接通）		○—|—○	
复位（接通）	○—|—○		
清除（接通）	○—|—○—|—○—|—○		

3）离合器开关检测

（1）断开离合器开关上的 3 针插头，如图 2-4-8 所示。

（2）拆下离合器开关。

（3）按表 2-4-4 检查各端子间的导通性。

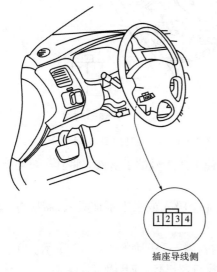

图 2-4-7　设置/复位/清除开关插头端子位置

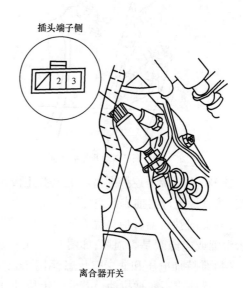

图 2-4-8　断开离合器开关 3 针插头

检查离合器开关各端子间的导通性　　　　　　　　　　　表2-4-4

端子号	2	3
压下		
释数	○——————————————○	

（4）如有必要，可更换开关或调节离合器踏板高度。

4）制动开关检测

（1）断开制动开关上的4针插头，如图2-4-9所示。

（2）拆下制动开关。

（3）按表2-4-5检查各端子的导通性。

检查制动开关各端子的导通性　　　　　　　　　　　表2-4-5

端子号	1	2	3	4
压下		○————————○		
释放	○————————————————————————○			

（4）如有必要，可更换开关或调节制动踏板高度。

5）执行器检测

（1）断开执行机构上的拉线和4针插头，如图2-4-10所示。

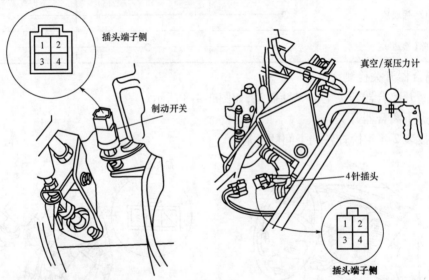

图2-4-9　断开制动开关4针插头　　　图2-4-10　执行机构4针插头和端子位置

（2）将4号端子连接到蓄电池电源正极，且使1、2、3号端子搭铁。将真空泵与真空软管连接，然后将执行器抽成真空。

（3）此时执行器杆应被完全吸入，如果不能完全吸入或根本不被吸入，需检查真空管路是否泄漏或电磁阀是否损坏，如图2-4-11所示。

（4）维持加电压和抽真空状态，用手试着抽拉执行器杆，如图2-4-12所示。在正常情况下，执行器杆应不能被拉动。若能用手拉动，则执行器已坏，应更换。

（5）断开3号端子的搭铁线，执行器杆应返回原位。若不能复位，而通风口管路滤清器又未被堵塞,则表明电磁阀已损坏。

(6)如果更换电磁阀总成,应在各电磁阀上使用新的O形圈。

(7)将4针插头的电源及搭铁线均断开;将执行器的通风软管断开,然后将真空泵连接到执行器的通风软管口并抽真空。这时,执行器应完全被吸入,否则,说明真空阀在打开位置卡住,应更换执行器。

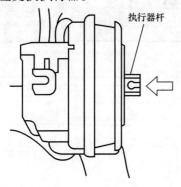 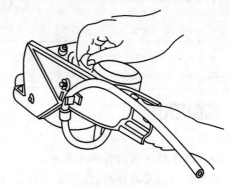

图 2-4-11　检查执行器　　　　　　图 2-4-12　拉动执行器杆

单元三
转 向 系

 学习目标

完成本单元学习后,你应能:
1. 熟知汽车转向系的作用与组成;
2. 熟知转向装置的作用、组成及工作原理;
3. 独立完成转向装置的拆装与调整作业及主要零件的检修;
4. 熟知转向传动机构的作用与组成;
5. 独立完成转向传动机构主要零件的拆装、调整与检修作业;
6. 熟知动力转向系统的结构与工作原理;
7. 独立完成动力转向系统的拆装、调整及主要零部件的检修作业。

建议课时:12 课时。

转向系主要由转向器、转向操纵机构和转向传动机构等组成。其作用是控制汽车的行驶方向,保证行车安全。

课题1 转向装置

转向装置包括转向盘、转向柱、转向器3部分。其主要作用是增大驾驶员作用到转向盘上的转向力。目前使用最多的是齿轮齿条式和循环球式转向装置。

一、齿轮齿条式转向装置

齿轮齿条式转向装置具有结构简单、操纵灵敏、维修方便等优点,所以广泛应用于轿车上。上海桑塔纳、一汽奥迪、神龙富康等轿车的转向系均采用齿轮齿条式转向装置。上海桑塔纳轿车转向装置如图3-1-1所示,它主要由转向盘、带安全锁和吸能机构的转向柱、齿轮齿条式转向器等组成。

（一）转向装置的拆卸

转向装置的拆卸方法如图3-1-2所示,其步骤如下。

(1)拆下转向盘中央大盖板,松开转向柱上端的转向盘固定螺母,取下转向盘。

单元三 转向系

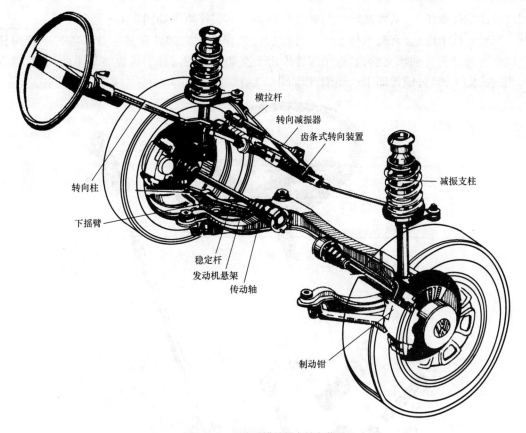

图 3-1-1 上海桑塔纳轿车转向装置

（2）拆下仪表板罩板和阻风门控制手柄，取下阻风门操纵杆。

（3）拆下仪表板的下饰板。

（4）拆下转向柱管的密封衬套。

（5）从发动机罩中松开转向柱下端夹箍，取出螺栓，然后松开转向器上减振器支板。

（6）拆下齿条上的转向横拉杆支架，再松开转向器固定螺栓，取下转向器总成。

（7）取下转向柱。

（8）分解转向器：先拆下齿条防尘罩，再拆下齿条压紧装置，然后拆下转向器壳端头的卡环、端盖、密封圈及弹簧，抽出齿条。最后，拆下转向齿轮密封圈、密封座套，取出转向齿轮。

（二）转向装置的结构

1. 转向盘

上海桑塔纳轿车转向盘直径为 400mm，钢骨架主体，外包整体泡沫聚氨酯，操纵时有舒适感。两个喇叭按钮安装于转向盘两边轮辐上。转向盘与转向柱上端以花键配合，并用螺母紧固，由转向盘中央盖板遮盖。

2. 转向柱

转向柱分为上、下两段，上段下部弯曲并在端面上焊有半月形凸缘盘，盘上装有两个驱动销，与下段转向柱上端的压装有尼龙衬套和橡胶圈的孔配合。一旦发生撞车事故，当驾驶员胸部扑向转向盘时，撞击力迫使上段转向柱上驱动销脱离销孔，上转向柱与转向盘下移，同时缓冲零件被压缩,从而减轻对驾驶员的伤害。其工作原理如图 3-1-3 所示。

在转向柱上段,套有喇叭接触环、转向灯开关、车锁总成和转向柱套管等零件。转向柱上段由转向柱套管轴承支承,套管用螺栓固定于支架上。转向柱上段焊有车锁凸环槽,当汽车钥匙拔出车锁时,锁舌即卡入锁槽,以防止车辆被盗。

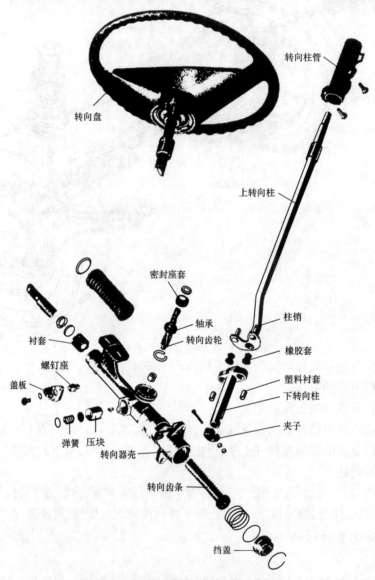

图 3-1-2　上海桑塔纳轿车转向装置零件图

转向柱下段铣有一纵向槽,与转向齿轮轴平槽装配后用夹箍、螺栓夹紧。

为了提高转向装置的性能,在不同的车辆上还采用了其他的结构措施,如广州本田雅阁轿车,其转向柱的倾斜度可以调整,如图 3-1-4 所示,转向柱上端用倾斜调整支架固定于车身上,转向柱下端由下托架固定于车身上,倾斜调整支架通过锁紧螺栓夹持固定。倾斜调整手柄往下扳,锁紧螺母松动,转向柱可上、下摆动;手柄往上扳,锁紧螺栓紧固,转向柱被固定在倾斜机构的支架上。其转向盘罩盖下还装配有安全气囊。

单元三 转向系

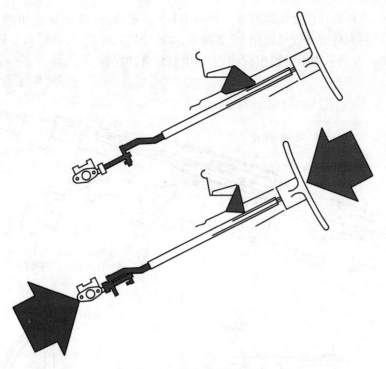

图 3-1-3 转向柱吸能机构

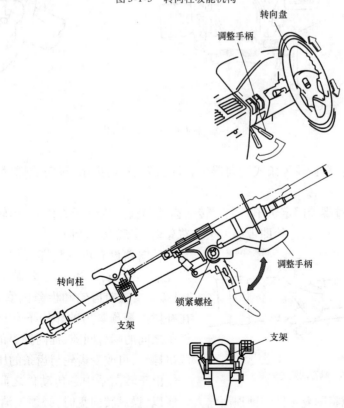

图 3-1-4 手动倾斜可调式转向机构

有的汽车,其转向柱长短可以伸缩。如图3-1-5所示,转向柱分为上、下两段,相互间通过细花键连接,转向柱沿花键可以作上、下伸缩,以改变转向柱长短,从而调整转向盘前后位置。其调整机构有的采用手柄锁止;有的采用电脑全自动控制。

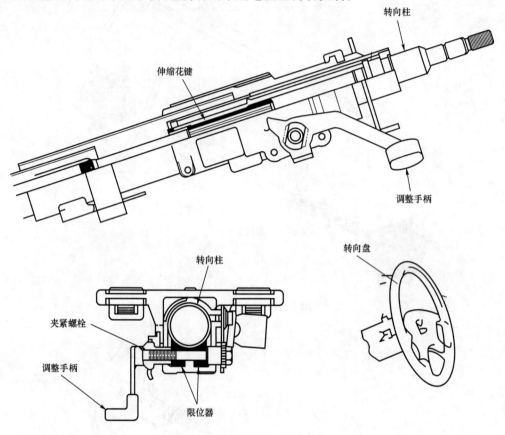

图 3-1-5　手动可伸缩式转向机构

3. 转向器

上海桑塔纳轿车齿轮齿条式转向器由转向齿轮、转向齿条、转向器壳、齿条压紧装置等组成。

转向器壳通过螺栓固定于车身上。转向齿轮与齿条安装于壳体内,当转向盘通过转向柱带动转向齿轮转动时,齿轮即带动齿条左右移动,实现汽车转向。

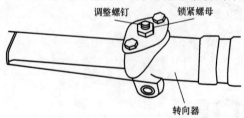

图 3-1-6　啮合间隙的调整

转向器设有由调整螺钉、补偿弹簧、压块和尼龙衬片组成的齿条压紧装置,其结构见图3-1-6。当转向齿轮和齿条因磨损出现间隙时,在补偿弹簧预紧力的作用下会自动消除齿轮与齿条之间的啮合间隙,提高操纵的灵敏度。拧动调整螺钉,可改变齿轮与齿条的压紧力。

由于转向系中各传动件之间存在着装配间隙,而且这些间隙将随着零件的磨损而增大。所以,操纵转向盘时,必须先消除这些间隙后,车轮才开始偏转。转向盘自由转动的角度称为转向盘自由行程。适当的转向盘自由行程可缓和路面冲击,但不宜过大,否则将影响转向操纵的灵敏度。

（三）转向装置主要零件的检修

1. 转向操纵机构主要零件的检修

接触环弹簧失效,转向轴驱动销橡胶衬套、塑料衬套及其他密封套和橡胶环等老化、破裂或磨损严重,均应换用新件。

2. 转向器主要零件的检修

转向齿轮及齿条应运动灵活,无卡滞现象,无法修复时,更换转向器总成。齿条密封罩及防尘套等老化、破损,均应换用新件。

3. 转向器及操纵机构的装配与调整

转向器及其操纵机构可按拆卸的相反顺序进行装配,在装配过程中应注意以下问题：

（1）凸缘管应推靠到主动齿轮上。用夹箍夹紧时,不允许用手掰开夹紧箍,其开口应朝外安装。

（2）紧固转向柱管时,应先将断开螺栓拧至螺栓头断开,然后再拧紧圆柱螺栓。

（3）安装转向盘时,车轮应处于直行位置,转向灯应放在中间位置,以防分离爪通过接触环上的簧片时引起损坏。

（4）各螺栓、螺母应按规定力矩(见表3-1-1)拧紧。

转向系主要螺纹件的力矩(N·m) 表3-1-1

连接件	机械式	动力转向器	连接件	机械式	动力转向器
转向盘固定螺母	40		转向减振器连接螺栓	35	
转向盘锁套螺栓	10		转向器螺帽盖		50
转向柱管圆柱螺栓	20		控制阀壳紧固螺栓		20
凸缘管夹紧箍及万向节螺栓	25	30	回油管接头螺栓		30
横拉杆锁紧螺母	40		高压油管接头螺栓		40
横拉杆球头销螺母	30		低压油管接头螺栓		30
转向支架紧固螺母	45		液压泵壳紧固螺栓		72
转向器固定螺母	前 35 / 后 20		液压泵支架固定螺栓		47
被偿机构压盖紧固螺栓	20		液压泵固定螺栓		35

（5）转向器啮合间隙的调整,应在车轮着地且处于直行状态时进行。调整时,顺时针拧动调整螺钉使其与挡块相接触。此时,转向盘应处于无间隙啮合状态,且转动灵活。调好后拧紧其锁紧螺母,如图3-1-6所示。

二、循环球式转向装置

循环球式转向装置具有传动效率高、操纵省力、使用寿命长等优点,被应用于轻、中型汽车上,如北京 BJ1041、BJ2023、东风 EQ1092 型等汽车。图 3-1-7 所示为东风 EQ1092 型汽车循环球式转向装置,其基本结构由转向盘、转向柱总成、循环球式转向器等组成。其中循环球式转向器主要包括螺杆、螺母、循环钢球、齿条、齿扇及转向垂臂轴、转向器壳等机件。

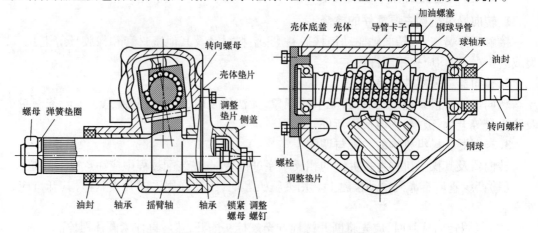

图 3-1-7　东风 EQ1092 型汽车循环球式转向装置

（一）转向装置的拆卸

（1）松开转向垂臂紧固螺母,然后从轴上取下转向垂臂。

（2）拆下转向盘中央喇叭按钮,然后松开转向盘紧固螺母,使用拉力器拉下转向盘。

（3）拆下转向万向节与转向柱连接花键夹紧螺栓。

（4）拆下万向节与转向螺杆花键固定螺栓。

（5）拆下两个万向节总成。

（6）拆下转向柱套管上支架与仪表板的固定螺栓。

（7）拆下转向柱套管下支架与驾驶室底板的固定螺栓。

（8）拆下上转向柱及套管。

（9）拆下转向器壳体固定螺栓,取下转向器总成。

（10）转向器的分解。

先拆下转向器侧盖,取出齿扇及转向垂臂轴,再拆下转向器前盖,取出转向螺杆与螺母总成。然后,拆掉循环钢球导管夹,拔出导管,取出全部钢球,最后从螺杆上取下螺母。

（二）转向装置的结构

1. 转向盘

转向盘通过花键、螺母固定于转向柱上端。

2. 转向柱总成

转向柱总成包括转向柱及套管,转向万向节和传动轴。转向柱通过衬套和滚动轴承支承于转向柱套管内,下端与转向万向节花键连接,并用螺栓夹紧。套管上端固定于仪表板上,下端固定于驾驶室底板上。

3. 转向器壳

转向器壳固定于车架的支架上。螺杆通过一对球轴承安装于壳体内,壳体上装有通气塞,兼作加油和放油口。

4. 螺母与钢球

循环钢球位于螺母和螺杆共同构成的钢球滚道内。螺母外两根导管与钢球内滚道构成两个独立的钢球循环通道。螺母下面的直齿条与扇齿啮合。

5. 垂臂轴与齿扇

齿扇与转向垂臂轴制成一体，通过滑动轴承分别由转向器壳体和侧盖支承。侧盖上的调整螺钉卡进垂臂轴端头T形槽内，转动调整螺钉，可以使转向垂臂轴做轴向移动，以调整扇齿与齿条的啮合间隙。

(三) 转向装置主要零件的检修

1. 转向器的拆卸

循环球式转向器从车上拆下后，可按如下步骤进行解体：

(1) 将转向器外部清洗干净，拆下放油螺塞，放出转向器内的润滑油。

(2) 转动转向螺杆，使转向螺母处于蜗杆中间位置，然后拧下转向器侧盖的4个紧固螺栓，用软质锤轻轻地撞击转向摇臂轴输出端，取下侧盖及摇臂轴总成并解体，如图3-1-8所示。取出摇臂轴时，注意不要碰伤油封。

(3) 拧下转向器下盖上的紧固螺栓，用软质锤轻轻敲击转向螺杆上端，取出下盖、转向螺杆及螺母总成（注意不要碰伤油封），并拆下转向器上盖等零件。

(4) 螺杆螺母总成若无异常情况（转动灵活、滚道无异常损伤、轴向及径向间隙符合要求等），尽量不要解体。必须解体时，可先拆下导管夹，取下钢球导管，然后转动螺杆取出所有钢球，使螺杆与螺母分离。

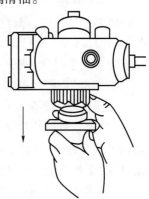

图3-1-8 拆下侧盖及摇臂轴

(5) 拆下各油封及密封圈。

2. 转向器的检修

1) 转向器壳体的检修

用检视法检查，转向器壳体出现裂纹，应予以更换。摇臂轴与衬套配合松旷（配合间隙应不大于0.10mm），应换用新衬套。

2) 摇臂轴的检修

用检视法检查，摇臂轴扇齿表面出现轻微点蚀可用油石修磨后继续使用，点蚀严重应换用新件。轴端螺纹损伤超过2牙可重新加工螺纹。

3) 转向螺杆、螺母总成的检修

(1) 用检视法检查，转向螺杆及螺母滚道表面、螺母齿面应无金属剥落现象及明显的磨损凹痕。

(2) 将转向螺杆固定，轴向和径向推拉转向螺母，并用百分表检查其配合间隙，间隙大于0.05mm时，应更换全部钢球。

4) 轴承及油封的检修

转向螺杆推力轴承出现点蚀及烧蚀现象或轴承保持架明显变形等，应成套更换。摇臂轴及螺杆油封老化或刃口损坏造成漏油时，也应更换。

(四)转向器及其操纵机构的装配与调整

1. 转向螺杆螺母总成的装配与调整

(1)将转向螺母套到转向螺杆上,将螺杆平放,边转动螺杆边将钢球装入转向螺母两滚道中(每个滚道放 36 个钢球)。

(2)将其余钢球分装于两个导管中,在导管两端分别涂少量润滑脂(以防钢球掉出),然后插入螺母的导管孔中,并用木锤轻轻敲击使其安装到位。

(3)安放好导管夹,并用螺钉紧固。此时,转向螺母在螺杆滚道全长上应转动灵活,螺母应能从螺杆上端自由匀速下落。

(4)将转向螺杆推力轴承内圈压装到螺杆两端,轴承外圈分别压装到转向器上、下盖上。

(5)将组装好的转向螺杆总成装入转向器壳体中。

(6)装好轴承,将下盖及适当厚度的密封垫片安装到转向器壳体上,并装好转向器上盖及调整垫片。此时,螺杆应转动灵活,且无轴向间隙感;用弹簧秤拉动时,其转动力矩应为 $0.7 \sim 1.2 \mathrm{N \cdot m}$。螺杆转动不灵活或力矩过大时,应增加上盖处调整垫片的厚度;有轴向间隙或力矩过小时,则减少垫片。

(7)在转向螺杆颈部涂少量润滑油后,装复螺杆油封。

2. 摇臂轴的装配与调整

(1)将摇臂轴止推垫片套到调整螺钉上,把调整螺钉及适当厚度的调整垫圈依次装入摇臂轴轴端的孔中,并装上锁环,如图3-1-9所示。此时,螺钉的轴向间隙应不大于 0.1mm,否则,应改变调整垫圈的厚度进行调整。

(2)将侧盖拧到调整螺钉上,并在侧盖上装好密封垫片。

(3)密封垫片涂密封胶后,将摇臂轴装入转向器壳体中,并用螺栓将侧盖紧固好。

(4)压装好摇臂轴油封及油封密封圈。

(5)转动转向螺杆,使转向器处于中间啮合位置,装上摇臂。此时,在摇臂输出端(距摇臂轴 197mm)用百分表测量,摇臂的自由摆转量应不大于 0.15mm。否则,应调整摇臂轴齿扇与转向螺母啮合间隙,如图3-1-10所示。调整螺钉向里拧,啮合间隙减少;反之则增大。调整合适后,拧紧调整螺钉的锁紧螺母。

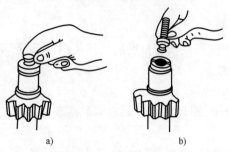

图3-1-9 安装调整螺钉
a)安装止推垫片;b)安装调整螺钉及调整垫图

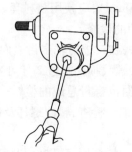

图3-1-10 循环球式转向器啮合间隙的调整

3. 加注润滑油

从加油口加注硫磷型中负荷(GL-4级)车辆齿轮油或 18 号馏分型双曲线齿轮油至规

定油面高度(与加油口下沿平齐),并装好通气塞。

课题2　转向传动机构

转向传动机构的作用是将转向装置输出的转向力传递给车轮,使其发生偏转,实现汽车转向。其组成和布置形式因转向器和转向桥悬架的不同而不同。

一、独立悬架汽车转向传动机构

上海桑塔纳轿车转向转动机构如图3-2-1所示。它主要由左右转向横拉杆、转向减振器等组成。

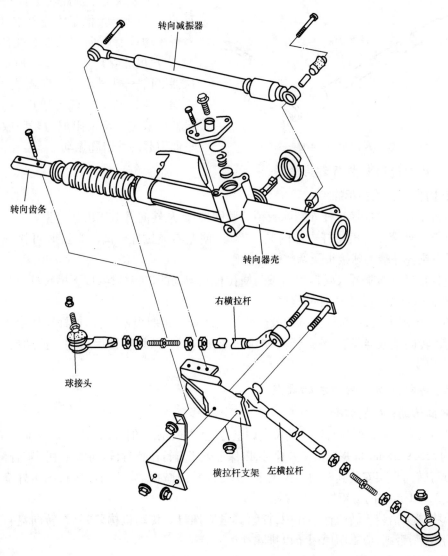

图3-2-1　上海桑塔纳轿车转向传动机构

（一）转向传动机构的结构

1. 转向横拉杆

转向横拉杆分左、右两根，其内端圆孔接头内压装有橡胶—金属缓冲环，与转向齿条支架用螺栓铰接。外端通过球头销与转向臂相连。中部用调整螺杆连接，拧转螺杆可改变横拉杆长度，调整前轮前束值。

球头销的球碗用耐磨材料聚甲醛或用聚甲醛和聚氨酯合成制成。球碗由弹簧顶紧球头，以消除间隙。

球头销连接可以有效防止横拉杆与车轮的运动干涉，保证在任何条件下顺利传递转向力。

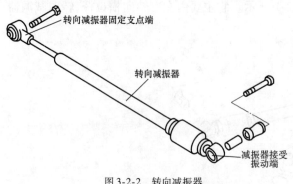

图 3-2-2 转向减振器

2. 转向减振器

为了衰减由于道路不平而传给转向盘的冲击、振动，稳定汽车行驶方向，许多轿车均装有转向减振器（如上海桑塔纳、一汽奥迪等），如图 3-2-2 所示。其减振器缸筒一端固定在转向器壳上，活塞一端则与转向横拉杆支架连接，利用减振器内液体流动的阻尼力来吸收道路不平而引起的冲击和振动。

（二）转向传动机构拆卸与检修

1. 转向传动机构的拆卸

(1) 拆下左右转向横拉杆外端球头销的紧固螺母，从转向臂上压出球接头。

(2) 拧下连接板与横拉杆内端的紧固螺母，使左右横拉杆分离。必要时可松开夹紧螺母，旋下横拉杆外端的球接头及调整螺杆。

(3) 拧出转向减振器及转向器齿条与横拉杆支架间的连接螺栓，取下横拉杆支架。

2. 转向传动机构主要零件的检修

横拉杆出现裂纹，横拉杆内端橡胶金属衬套或球头销磨损松旷，横拉杆支架出现裂纹或明显变形，转向减振器漏油，减振器两端衬套老化、破裂等，均应换用新件。拆卸后，各自锁螺栓也应更换。

（三）转向传动机构的装配调整

1. 转向传动机构的装配

(1) 组装左、右转向横拉杆，将其长度调整合适（左横拉杆的长度为 597.6±8mm，右横拉杆的长度为 553.9±8mm），并拧紧夹紧螺母，以保证处于直行位置时，转向器在中间啮合位置。

(2) 将转向支架安装到转向器齿条上，连接好转向减振器，并用连接板固定好横拉杆内端（按表 3-1-1 规定的力矩拧紧各螺栓）。

(3) 将球头销装入转向臂销孔中，拧紧其紧固螺母。传动机构装好后，转向盘自由行程应不大于 10°，否则，应查明原因予以排除。

2. 前轮定位的调整

用车轮定位仪对前轮定位进行测量，不符合要求，应进行调整。前轮前束是通过改变横拉杆的长度调整的,在进行调整时,左、右横拉杆旋入或旋出的长度尽量相同,以防止左、右轮转向关系发生变化。前轮外倾角的调整如图3-2-3所示。松开球接头与下摆臂间的紧固螺母,使球接头相对下摆臂向外或向内移动(下摆臂上的螺栓孔为长型孔),即可改变前轮的外倾角。调整合适后,拧紧球头销紧固螺母。

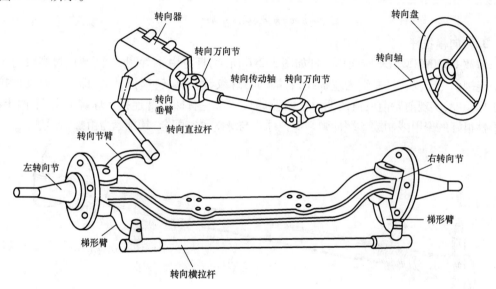

图 3-2-3　前轮外倾角的调整

二、非独立悬架汽车转向传动机构

非独立悬架汽车的转向传动机构主要由转向垂臂、转向直拉杆、转向横拉杆、转向节臂和左右梯形臂等零件组成,CA1092型汽车转向传动机构如图3-2-4所示。

图 3-2-4　解放 CA1092 型汽车转向传动机构

(一)转向传动机构的构造

1. 转向垂臂

转向垂臂大端制有锥形的三角形细花键孔,与转向垂臂轴连接,并用螺母固定。其小端制有锥形孔,通过球头销与直拉杆铰接。转向垂臂安装后,从中间往两边的摆角范围应大致相等,所以安装时应对准记号。

2. 转向直拉杆

解放 CA1092 型汽车与东风 EQ1092 型汽车的转向直拉杆类似,主要由两端扩口的钢管及在扩口部位安装的球头销、球头碗、弹簧及座、螺塞、开口销、油嘴等零件组成。其结构如图3-2-5所示。

压紧弹簧随时补偿球头与球碗的磨损,以保证二者无间隙配合,缓和冲击力,所以,两端弹簧应分别装在球头同一侧。弹簧座用以支承弹簧,同时限制弹簧超载过分变形或弹簧折断时,避免球头从管孔中脱出。螺塞主要作用是调节弹簧的预紧力。调整时,将螺塞拧到底再退转1/4圈,调好后必须用开口销锁定螺塞。

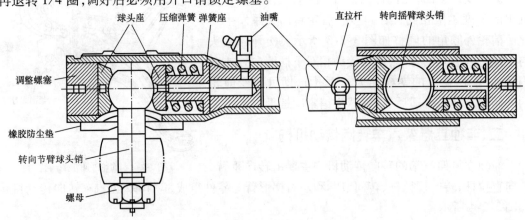

图 3-2-5　转向直拉杆

3. 转向横拉杆

解放 CA1092 型汽车转向横拉杆如图 3-2-6 所示,杆身由钢管制成,两端通过螺纹与球销接头连接。由于横拉杆左端为左螺纹,右端为右螺纹,所以旋转横拉杆时,即可以改变横拉杆的工作长度,实现前轮前束值的调整。两端球头销与左右梯形臂连接。球碗分上、下两半,用耐磨性很好的聚甲醛制成。缓冲弹簧保证球头与球碗紧密配合,其预紧力由螺塞调整。

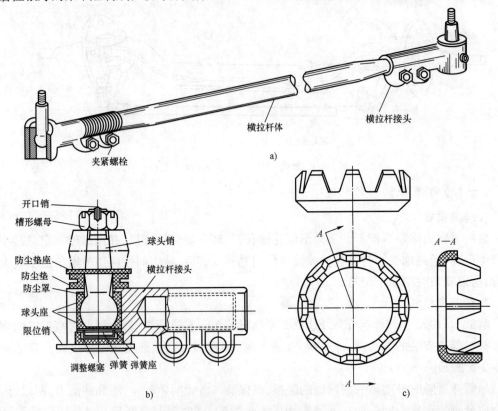

图 3-2-6　转向横拉杆
a)转向横拉杆;b)接头;c)球头座

4. 转向节臂和梯形臂

与直拉杆球头销连接的转向节臂,与横拉杆两端球头铰链的左右梯形臂分别固定于左、右转向节上。

5. 转向梯形机构

转向传动机构中的横拉杆,左右梯形臂与前轴构成转向梯形机构,如图3-2-7所示。转向时,使内、外转向轮获得不同的转向角,保证各车轮按同一转向中心作纯滚动,以减小转向阻力和轮胎磨损,保证汽车顺利转弯,如图3-2-8所示。

(二)转向传动机构的拆卸与检修

1. 转向传动机构的拆卸

EQ1092型汽车转向传动机构检修时,可按如下步骤进行分解:

(1)拆下横拉杆球头销紧固螺母的开口销,拧下紧固螺母,用拉器从转向梯形臂锥孔中拉下球头销,取下横拉杆。

(2)取下密封圈及防尘罩,拆除球头销调整螺母的开口销,用偏心螺丝刀旋出调整螺塞,从横拉杆接头中取出球头销等零件。

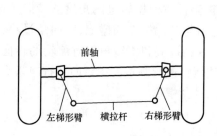

图3-2-7 转向梯形机构示意图

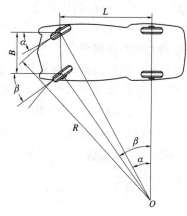

图3-2-8 汽车转向中心

(3)用与拆卸横拉杆同样的方法拆下直拉杆总成。

(4)拆下直拉杆两端的开口销,拧出球头销调整螺塞,从直拉杆上取下球头销等零件。

(5)从转向节上拆下转向节上臂及转向梯形臂。

(6)从转向器摇臂轴上拆下摇臂(拆前做好相对位置标记)。

解体后将各零件清洗干净进行检修,清洗时,橡胶防尘套不得用汽油清洗。

2. 主要零件的检修

用百分表或直尺检查,横拉杆的直线度误差大于2mm时,应进行校正。球头销装于转向节臂及转向摇臂的锥孔中时,其轴颈小端应低于锥孔上端面1~2mm,否则,均应换用新件。弹簧失效、螺纹损伤超过2牙、橡胶防尘罩老化破裂等,应更换。

(三)转向传动机构的装配与调整

1. 横、直拉杆的组装与调整

(1)在球头销及球碗配合表面涂抹适量润滑脂,然后在横、直拉杆两端安放好球头销等零件。

(2) 调整球头销预紧度:将调整螺塞拧到底再退回 1/4～1/2 圈,使螺塞上的槽与开口销孔对正。此时,用手扳动检查,球头销应转动灵活且无松旷感,否则,应重新调整。

(3) 调整符合要求后,穿入开口销锁止。

2. 将转向传动机构装到车上

安装横、直拉杆时,横拉杆两端的接头旋入的长度应相同,各球头销螺母应以 200～250 N·m 的力矩拧紧。将转向摇臂安装到摇臂轴上时,应对正装配标记。由于换用新件等原因,原标记已被破坏时,可将转向盘转到中间位置,并使前轮处于直线行驶位置,然后将转向摇臂安装到臂轴上,同时应补作标记。

3. 检查转向盘自由行程

转向系安装完毕后,转向盘应转动灵活,EQ1092 型汽车转向盘由中间位置向左、右转动的自由转动量不得超过 15°,否则,应查明原因予以排除。

4. 前轮前束的调整

将车辆停放在平整的场地上,顶起前桥,使车轮处于直线行驶位置。用前束尺在左、右轮胎花纹的中间位置测量,前束值应为 1～5mm;利用侧滑试验台检验时,轮胎的侧滑量应不大于 5m/km,否则,应松开横拉杆上的夹紧螺栓,用扳手转动横拉杆进行调整。

5. 前轮最大转向角的调整

前轮最大转向角是指前轮由直行位置转到极限位置时所转过的角度。转向角过大,将使车辆转弯时轮胎的横向滑移量增大,或造成轮胎与其他机件相碰擦;转向角过小,则会造成车辆转弯困难,影响行车安全。因此,在调整前束后,应利用转角仪对前轮的转向角进行检查,不符合要求时,应拧动转向节凸缘上的限位螺钉进行调整。螺钉向里拧时最大转向角增大,反之则减小。调整合适后,拧紧限位螺钉的锁紧螺母。

课题 3 动力转向系统

为了使转向轻便,在重型汽车和轿车上广泛采用了动力转向装置,其形式有液压式和电动式两种。目前,使用较多的是液压式动力转向系统。

一、液压动力转向系统的组成与工作原理

1. 液压动力转向系统的组成

桑塔纳 2000 系列轿车采用的液压动力转向系统如图 3-3-1 所示。它主要由液压泵、分配阀、限压阀、储油罐、转向器、工作缸和软管等组成。其中转向器与助力装置为整体式,即工作缸、分配阀和齿轮齿条装配在一起。

2. 液压动力转向系统的工作原理

工作时,液压泵(叶片泵)在发动机传动带驱动下从储油罐中吸进液压油(ATF 润滑油),并将具有压力的液压油输入到动力转向器的分配阀,分配阀根据转向盘输出转向力的大小和方向,控制液压油进入相应的工作缸实现助力。

为了防止液压系统的工作压力超过系统允许的最大工作压力,在叶片泵内装有一个限

压阀,当工作压力超过限压阀的额定值时,压力油通过限压阀卸荷返回到吸油口。

动力转向器为齿轮齿条式,上部的分配阀为滑阀结构。阀套内分配阀左、右阀芯与转向柱轴线呈垂直放置,并通过转向轴上的拨叉来拨动的。

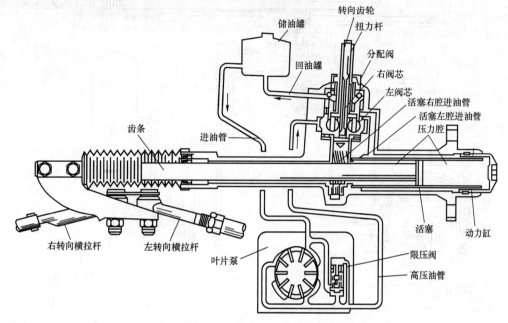

图 3-3-1　液压动力转向系统组成

直线行驶时,转向盘处于中间位置,阀芯处于阀套中间位置,所有控制口接通(图 3-3-2 a),液压油毫无阻碍地流经分配阀返回到储油罐。转向盘转动时,转向轴通过拨叉拨动阀芯相对于阀套运动,使压力油与相应的工作缸相通,实现转向助力,如图 3-3-2b)所示。

二、液压动力转向系统的检修

1. 转向柱的拆卸与检修

1)拆卸步骤

转向柱上装有一套组合开关,包括点火开关、前风窗刮水器及洗涤器开关、转向灯开关及远近光变光开关。因此,在拆卸前必须将蓄电池电源线断开,转向指示灯开关放在中间位置,并将车轮处于直线行驶位置。转向柱的分解图如图 3-3-3 所示,其拆卸步骤如下。

(1)向下按橡皮边缘,撬出大盖板。

(2)取下喇叭盖,拆卸喇叭按钮及有关接线。

(3)拆下转向盘紧固螺母,用拉器将转向盘取下。

(4)拆下组合开关上的 3 个平口螺栓,取下开关。

(5)拆下仪表板左下方饰板。

(6)拆下转向柱套管的两个螺钉,拆下套管。

(7)将转向柱上段往下压,使上段端部凸缘上的两个驱动销脱离转向往下端,取出转向柱上段。

(8)取下转向柱橡胶圈,松开夹紧箍的紧固螺栓,拆下转向柱下段。

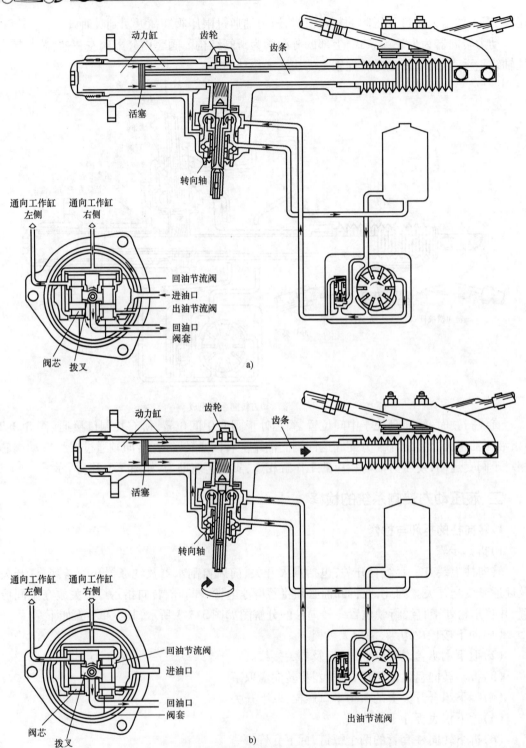

图 3-3-2 动力转向系统工作原理
a)直线行驶;b)向右行驶

单元三 转 向 系

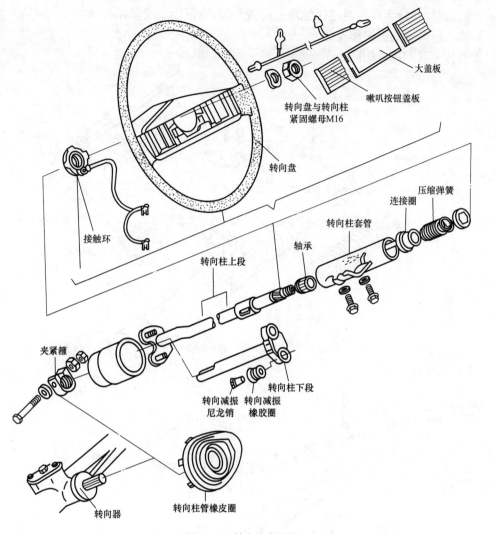

图3-3-3 转向柱分解图

(9)用水泵钳旋转卸下弹簧垫圈,卸下左边的内六角螺栓;拧出右边的开口螺栓,拆下转向盘锁套。

2)检查

检查转向柱有无弯曲、安全联轴节有无磨损或损坏、弹簧弹性是否失效,如有则应修理或更换新件。

3)安装

转向柱的安装基本按拆卸的相反顺序进行,但同时应注意以下几点:

(1)转向柱与凸缘管应一起安装。

(2)应将凸缘管推至转向齿轮轴上,夹紧箍围口应向外(注意:不可用手及其他物体掰开夹箍)。

(3)装配转向柱套管时,应将断开螺栓拧紧至螺栓头断开,然后拧紧圆柱螺栓。

(4)车轮应处于直线行驶位置,转向指示灯开关应处在中间位置,才可装转向盘,否则在安装转向盘时,当分离爪齿通过接触环上的簧片时,有可能造成损坏。

2. 动力转向器的拆卸和安装

动力转向器零部件如图 3-3-4 所示。

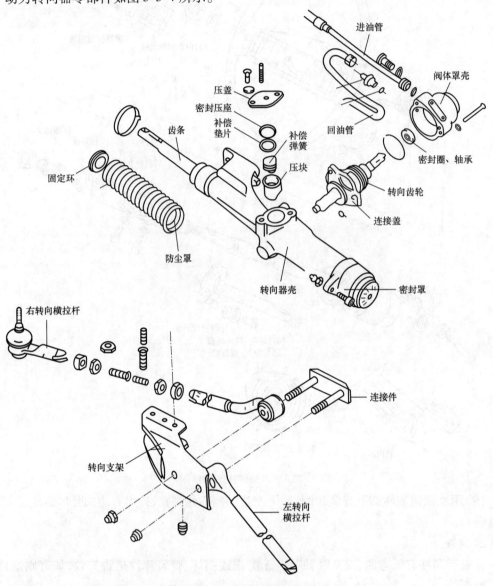

图 3-3-4　动力转向器零部件分解图

1)动力转向器的拆卸

动力转向器可按以下步骤进行拆卸:

(1)支撑起车辆,排放转向液压油。

(2)拆下固定转向横拉杆的螺母。

(3)拆下左前轮罩处的转向器固定螺栓。

(4)松开在转向器分配阀外壳上的进油管。

(5)拆下后横板上固定转向器的自锁螺母,放下车辆。

(6)拆下紧固齿条与转向横拉杆的螺栓。
(7)拆卸仪表板侧边下盖、通风管和踏板盖。
(8)拆下紧固转向齿轮轴与联轴节的螺栓,并使各轴分开。
(9)拆卸防尘套,从车厢内部拆下固定转向器分配阀外壳上回油管的泄放螺栓。
(10)拆下后横板上固定转向器的自锁螺母,拆下转向器。

2)动力转向器的安装

动力转向器安装时,液压泵和转向器分配阀上固定泄放螺栓的密封圈只要被拆卸,就必须更换。具体安装步骤如下:

(1)在后横板上安装转向器,自锁螺母暂不完全拧紧。
(2)支起车辆,在液压泵上安装进油管和回油管(使用新的密封圈),并用40N·m的力矩拧紧螺栓。
(3)安装左前轮罩上的转向器固定螺栓,并用20N·m的力矩拧紧螺母。
(4)安装在后横板上固定转向器的自锁螺母,并且用40N·m的力矩拧紧螺母。
(5)把进油管固定在转向器分配阀外壳上,然后放下车辆,用40N·m的力矩拧紧在后横板上固定转向器的自锁螺母,用45N·m的力矩拧紧转向横拉杆支架固定螺栓。
(6)从车厢内把回油管安装在转向器分配阀外壳上。
(7)安装防尘套,连接联轴节,并用25N·m的力矩拧紧固定螺栓,然后安装踏板盖、通风管和仪表板盖。
(8)向储油罐内注入液压油(注意:决不要再使用排出的液压油),直到达到标有"MAX"处。
(9)举升起车辆,在发动机停止的情况下转动转向盘数次,排出系统中存在的空气,并补充液压油至储液罐"MAX"处。
(10)起动发动机,完全向左和右转动转向盘,观察油面高度,一直操作到油面稳定在"MAX"处为止。

3. 转向齿轮轴密封圈的更换

(1)拆卸动力转向器。
(2)把转向器固定在台钳上,并拆下转向齿轮轴的锁销。
(3)拆下转向器分配阀总成。
(4)拆卸转向器分配阀外壳的密封圈。
(5)使用专用工具VW065和塑料铆头,把新的密封圈安装在转向器分配阀外壳上。

4. 液压泵的更换

液压泵(叶片泵)及其附件如图3-3-5所示。

1)液压泵的拆卸

(1)支撑起车辆。
(2)拆下液压泵上回油管和进油管的泄放螺栓,排放液压油。
(3)拆下液压泵前支架上的张紧螺栓。
(4)拆下液压泵后支架上的固定螺栓。
(5)松开液压泵中心支架上的固定螺母和螺栓。

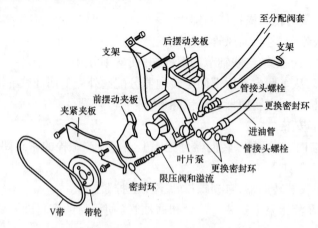

图 3-3-5　叶片泵及其附件

（6）把液压泵固定在台钳上，拆卸 V 形带轮和中间支架。

2）液压泵的安装

液压泵的安装按照拆卸相反的顺序进行。安装完毕后，应调整液压泵 V 形带的张紧度，并加注液压油。

三、液压动力转向系统的检查与调整

1. 转向盘

当汽车前轮处于直线行驶状态，在转向盘边缘处，测量自由行程，其值应为 15~20mm。若自由行程过大，应检查动力转向器齿轮与齿条啮合间隙及各铰接处是否松旷。

2. 动力转向器

（1）检查动力转向器是否漏油，盖板螺栓是否松动。若螺栓松动，应拧紧。

（2）如果转向轴轴承松旷，应进行调整或更换。

（3）动力转向器啮合副间隙过大或过小时，用螺栓改变补偿弹簧的预紧力，可调整齿条、主动齿轮的啮合间隙。

3. 储油罐

检查液面高度，必要时添加液压油。使发动机怠速运转，反复使转向盘从左极限位置转至右极限位置，直至储油罐内无气泡和泡沫为止。如液面有下降，应继续添加液压油直至达到规定液面高度（"MAX"处）为止。

4. 液压泵

1）液压泵（叶片泵）泵油压力的检查

（1）将压力表装到连接在阀体和软管之间的压力管中。

（2）起动发动机。如果需要，向储油罐补充液压油。

（3）急速关闭截止阀（不超过 5min），并读出压力数，泵油压力额定值为 6.8~8.2MPa。如果没有达到额定数值，应检查限压阀是否完好。如不正常，应更换限压阀或者叶片泵。

2）液压泵 V 形带的调整

（1）松开液压泵支架上的后固定螺栓。

（2）松开张紧螺栓的螺母。

(3)通过调整张紧螺栓,使V形带中间处有10mm的挠度为合适。
(4)拧紧张紧螺栓的螺母。
(5)拧紧液态泵支架上的固定螺栓。

四、电子控制动力转向系统

电子控制动力转向系可分为电动式动力转向系统(EPS)和电动—液压式动力转向系统。其中电动—液压式动力转向系可分为流量控制式电子控制动力转向系统和反力控制式电子控制动力转向系统。

1. 电动式动力转向

电动式动力转向系统完全依靠电动机实现动力转向,电动机转速由齿轮减速后,使滚珠螺杆转动,滚珠螺杆的旋转运动通过滚珠螺母转换为带动齿条左、右移动的推力。

该系统利用转向轴扭力杆的小齿轮部位的传感器,检测转向扭矩和转向速度,再根据汽车速度传感器的信号,由ECU计算最佳推动力后发出控制指令,控制齿条轴上的电动机工作。丰田PRUIS轿车电动式动力转向系统如科3-3-6所示。

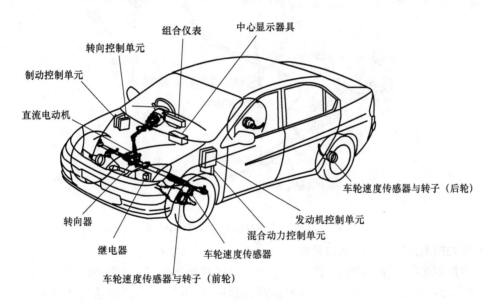

图 3-3-6 PRIUS 混合动力轿车的 EPS

2. 流量控制式电子控制动力转向

流量控制式电子控制动力转向系统是在传统液压动力转向的基础上增加了转向助力压力油流量控制功能,即增加一个旁通流量控制阀。如图3-3-7所示,它主要由旁通流量控制阀、控制电路、车速传感器、转向盘角速度传感器、控制开关组成。在泵与转向器之间设有旁通道,在旁通管路中又设有旁通流量控制阀,电控制单元根据车速传感器等信号,通过旁通流量控制阀控制旁通流量,从而调控转向器助力供油的流量。当向转向器供油流量减少时,转向器的灵敏度下降,转向操纵力增加。图3-3-8所示为蓝鸟牌轿车的流量控制式电子控制动力转向系统示意图。

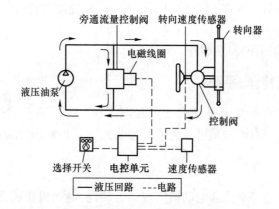

图 3-3-7 流量控制式电子控制动力转向系统

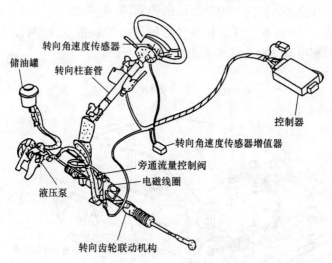

图 3-3-8 蓝鸟牌轿车的流量控制式电子控制动力转向系统示意图

3. 反力控制式电子控制动力转向

反力控制式电子控制动力转向系统主要由电子控制系统、转向齿轮箱、油泵、分流阀等组成。如图 3-3-9 所示,扭力杆的上端与控制阀轴连接,下端与小齿轮轴通过销子连接。扭力杆上部由销子与转阀连接,转向盘则与控制阀轴和转向轴连接。所以,转向盘的操纵力通过扭力杆及控制阀轴的作用被传向小齿轮轴。当扭力杆发出扭力时,转子阀便绕控制轴作相对旋转,并改变与各个通道口的连通状态,以便控制动力缸油液流量并切换向动力缸左腔室和右腔室的油路。当高压作用于油压反作用室时,柱塞强制压住控制阀轴,这时,在扭力杆上即使发生扭力,柱塞压力作用也会限制控制阀轴与转子阀之间的相对旋转。分流阀的作用是把来自液压泵的压力油向转子阀一侧和电磁阀一侧进行分流。根据车速与转向要求,改变转子阀一侧与电磁阀一侧的油压,以确保向电磁阀一侧供应稳定的压力油。电磁阀的节流面积随通电电流的开/关占空比而变化。当线圈电流大时,滑阀被吸引,阀的节流面积增大,储油罐排出的油量增加。

① 当车辆低速时,由于电磁线圈的通电电流大,利用分流阀进行分流的压力油通过电磁

阀重新回流到储油罐中。所以,作用于柱塞的背压(油压反作用压力)降低,于是柱塞推动控制阀轴的力变小,利用转向盘操纵力增大扭力杆扭力。转子阀被固定在小齿轮轴上,控制阀按照扭力杆的扭转角作相对的旋转,连接两个阀的通道口,使液压泵油压作用于动力缸的右腔室或左腔室,动力活塞向左或向右运动,从而增加了转向操纵力。

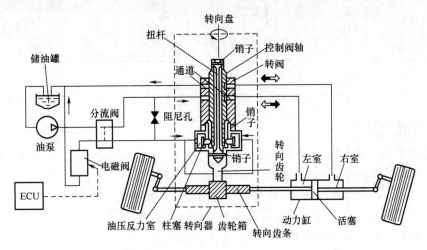

图 3-3-9　反力控制式电子控制动力转向示意图

②在汽车高速行驶时,直线行驶转向角小,扭力杆的相对扭力也较小,转子阀与控制阀的连通通道的开度响应减小,转子阀一侧的油压升高。由于分流阀的作用,电磁阀一侧的流量增加。随车速增加,线圈电流变小,电磁阀的节流开度随之变小。而作用在油压反作用室的反压力增加,柱塞推开控制阀轴压力也变大,增加了驾驶员手的操纵力,具有良好的转向手感。

③在汽车中高速转向行驶时,即从有油压反力的中高速直线行驶状态转向时,扭力杆扭转角变小,转阀与控制阀的连通口开度减小,在转阀一侧的油压进一步升高,于是,压力油从固定孔向油压反作用室供应,从分流阀向油压反作用室供应的压力油与从固定孔流出的压力油一起增加对柱塞的推动力,使转向操纵力随转向角线性增加,所以在高速时能获得稳定转向手感。

此外,有的车辆还采用了电子控制四轮转向系统,进一步改善了车辆的转向性能。

单元四
制 动 系

 学习目标

完成本单元学习后,你应该能:
1. 熟知汽车制动系的作用与组成;
2. 熟知车轮制动器的作用、鼓式与盘式制动器的结构及工作原理;
3. 独立完成车轮制动器的拆装及主要零件的检修作业;
4. 熟知液压制动传动系统的组成及各主要部件的工作原理;
5. 独立完成主要部件的拆装与检修作业,熟知液压制动系统的排气方法;
6. 了解真空增压器、真空助力器及排气制动的工作原理,熟知其检修方法。
7. 独立完成驻车制动装置的拆装、检修与调整作业;
8. 熟知汽车制动防抱死装置的作用、组成,了解循环式和可变容积式压力调节器的工作原理;
9. 独立完成汽车制动防抱死装置主要零部件的拆装与检修作业;
10. 了解索引力控制系统的结构与工作原理。
建议课时:24 课时。

一、汽车制动系的作用及组成

为了确保汽车在复杂多变的道路交通情况下能够高速安全行驶,行驶中需随时控制车速。这就需要有一个能使汽车及时减速以至停车,确保汽车稳妥停放的系统——汽车制动系。

二、汽车制动系的作用

汽车制动系统的作用主要有以下几方面:
(1)控制汽车的运行速度,使车辆及时减速以至停车。
(2)使车辆可靠地停于原地。

三、汽车制动系统的组成

汽车制动系由以下三部分组成:
1. 行车制动装置
行车制动装置(脚制动装置)由驾驶员用脚操纵,主要由车轮制动器和制动传动机构两部分组成,用于汽车运行中的减速和暂时停车。

2. 驻车制动装置

驻车制动装置(手制动装置)由驾驶员用手操纵,行车制动装置通常和行车制动系统共用制动器,如桑塔纳、奥迪轿车;也有的车辆在变速器后方单独设置驻车制动器,如国产解放、东风系列货车。它主要用于使汽车实现可靠的停放。

3. 辅助制动装置

根据使用要求的不同,有些车辆上还设有辅助制动装置,如排气制动、利用发动机制动等装置。

课题 1 车轮制动器

一、车轮制动器的作用、类型、基本结构及原理

(一)作用

车轮制动器的作用是利用固定元件与旋转元件之间的摩擦使车轮减速或停止旋转,并利用地面对轮胎的摩擦力,使汽车迅速减速或停车。

(二)类型

根据结构不同,车轮制动器常见的有两大类,即鼓式和盘式车轮制动器。

(三)基本结构和原理

1. 鼓式车轮制动器

1)基本结构

鼓式车轮制动器主要由制动鼓、制动蹄、制动底板、制动凸轮或工作缸、复位弹簧、支承销等元件构成,如图4-1-1所示。制动鼓与车轮同步旋转,左、右制动蹄通过支承销支承于固定不动的制动底板上。

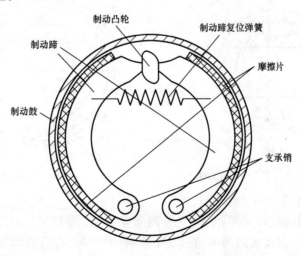

图4-1-1 鼓式车轮制动器结构示意图

2) 基本工作原理

鼓式车轮制动器的基本工作原理如图 4-1-2 所示。制动时,两制动蹄受凸轮或轮缸活塞的张力 F_S 作用,分别绕各自的支承销向外偏转紧压在制动鼓上,同时旋转的制动鼓对两蹄分别作用法向反力 N_1 和 N_2 及相应的切向摩擦反力 T_1 和 T_2。T_1 对制动蹄的作用力矩和 F_S 对该制动蹄的作用力矩同向,因此该蹄对鼓的压力 N_1 变得更大,这种现象称为"助势作用",该蹄叫助势蹄;与此相反,T_2 使 N_2 减小,称为"减势作用",该蹄叫减势蹄。由于上述原因,两制动蹄对鼓产生的制动力矩是不等的,使用中两蹄的磨损也不一样。我们把这种结构称为简单非平衡式制动器。

为了解决上述问题,提高制动效能,在一些汽车上,将前后制动蹄都设计成助势蹄。如果仅在前进时为助势蹄的,称单向助势平衡式制动器(图 4-1-3);若前进倒车时都为助势蹄的,则称双向助势平衡式制动器(图 4-1-4)。

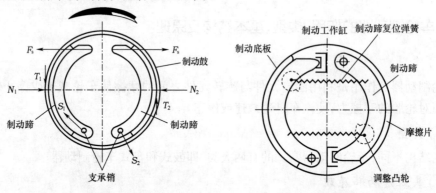

图 4-1-2 简单非平衡式鼓式制动器受力图　　图 4-1-3 单向助势平衡式制动器

为了使制动力矩更大,有些汽车采用自动增力式制动器。利用某一制动蹄的助势作用,加大另一制动蹄的制动力。只在前进时起增力作用的叫单向自动增力式制动器;前进和倒车都起增力作用的叫双向自动增力式制动器(图 4-1-5)。

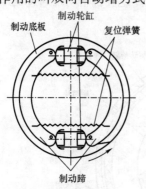 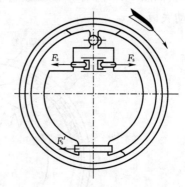

图 4-1-4 双向助势平衡式制动器　　图 4-1-5 双向自动增力式制动器结构简图

2. 盘式车轮制动器

车用盘式制动器由旋转元件和固定元件两部分组成。旋转元件是以两侧面作为工作面的圆盘,称为制动盘。制动盘的两侧通过支架或制动钳安装有只能移动而不能转动的两块带有摩擦片的制动蹄。制动时,在活塞或杠杆的作用下,摩擦片可夹紧制动盘,从而产生制动作用。目前常用的悬浮动钳盘式制动器,如图 4-1-6 所示。

盘式制动器相对于鼓式制动器具有以下特点:

(1)盘式制动器的大多数元件暴露在空气中,散热快,故抗热衰退能力强,即制动恒定性好。

(2)由于摩擦片对制动盘的挤压作用,制动盘上的水分易被挤掉,因此其抗水性强。

(3)使用中,两摩擦片对制动盘的夹紧均匀,使得机件磨损均匀,没有鼓式制动器制动时两蹄片受力的不平衡现象。

(4)结构紧凑,转动质量小,有利于安装其他元件。

(5)盘式制动器制动力小。

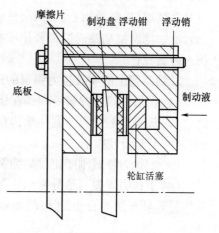

图 4-1-6 浮动钳盘式制动器结构示意图

二、桑塔纳 2000GSi 型轿车鼓式车轮制动器

桑塔纳 2000GSi 轿车后轮采用了鼓式非平衡式车轮制动器。同时,该制动器还作为驻车制动器,即行车制动器和驻车制动器共用。其驻车制动系统采用机械操纵,行车制动系统采用液压操纵,并能自动调节制动器蹄鼓间隙。

(一)制动器的结构

1. 组成

制动器由制动底板、后制动轮缸、制动蹄、制动鼓、制动蹄定位销(夹紧销)、定位销弹簧、驻车制动杆、制动压杆(推杆)、拉力弹簧、上拉力弹簧、下拉力弹簧、楔形件及其拉力弹簧等元件组成,如图 4-1-7 所示。

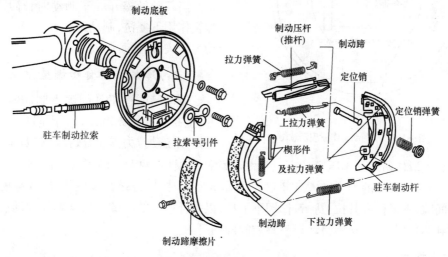

图 4-1-7 桑塔纳后轮制动器结构图

2. 安装关系

制动底板通过螺栓装于后轴凸缘上,制动器的其他机件(除制动鼓)都装于其上。后制动轮缸通过两根内六角螺栓装于制动底板上端,轮缸内装有活塞,壳体上有一个进油接头和

一只放气螺钉,制动蹄上、下两端分别由3只拉力弹簧将制动蹄拉靠在轮缸凸耳槽和下支承凸台上。同时制动蹄通过弹簧拉压在压杆上端。楔形件卡在压杆与制动蹄之间(由楔形件拉力弹簧拉住)。

3. 制动蹄上的4只拉力弹簧的连接关系

(1)楔形件拉力弹簧一端钩在楔形件上,另一端钩在同侧制动蹄上。

(2)最上端的拉力弹簧一端钩在制动压杆上,另一端钩在左边的制动蹄上,使压杆压住楔形件,不至于被拉下。

(3)上拉力弹簧刚度比拉力弹簧小,一端钩在压杆左侧,其另一端钩在右边的制动蹄上。

(4)下拉力弹簧两端分别钩住左、右制动蹄。

另外驻车制动杆上端和制动蹄铰接,稍下部位和压杆接触,其下端和驻车制动拉索连接。

4. 行车制动工作原理

制动时,液压油进入后制动轮缸,轮缸内活塞伸张,推动两个制动蹄克服拉力弹簧弹力张开,与鼓接触产生摩擦力,即制动器制动力,使汽车减速或停车。

解除制动时,液压油流回主缸,蹄片在拉力弹簧作用下复位,制动蹄和鼓分离,制动器制动力消失,从而解除制动。

5. 驻车制动的工作原理

驻车制动的工作原理如图4-1-8所示。

当驾驶员拉起驻车制动时,通过拉索拉动驻车制动杆下端,其上端经压杆和支承销推动两制动蹄克服拉力弹簧弹力作用而张开和鼓接触,产生制动力。

当驾驶员松开驻车制动时,蹄片在拉力弹簧作用下复位,制动蹄和鼓分离,制动器制动力消失,从而解除制动。

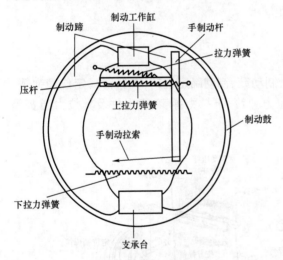

图4-1-8 手制动工作原理示意图

(二)蹄鼓间隙自动调整原理

制动蹄鼓在正常间隙下制动时,蹄片张开,上拉力弹簧先被拉长。因间隙不大,拉力不足以拉动拉力弹簧,故拉力弹簧未被拉伸,压力杆和楔形件始终处于压紧状态。当制动蹄鼓磨损后,两者间隙增大。制动时制动蹄张开增大,上拉力弹簧的弹力增大到超过拉力弹簧弹力时,拉力弹簧被拉伸,压杆与楔形件之间产生间隙,楔形件在其拉力弹簧作用下下移,以弥补产生的间隙。这样解除制动后蹄片将不再回到原位置,从而达到自动调整蹄鼓间隙的目的。

(三)拆卸

(1)用千斤顶支起后轮。

(2)拆下轮胎螺母(110N·m),取下车轮。

(3)用专用工具VW637/2拆下轮毂盖,如图4-1-9所示。

(4)取下开口销和开槽螺母,旋下调整螺母,取出止推垫圈。
(5)用一字螺丝刀通过制动鼓螺孔向上拨动楔形块(图 4-1-10),使制动蹄与制动鼓松开,并拉出制动鼓及其轴承。

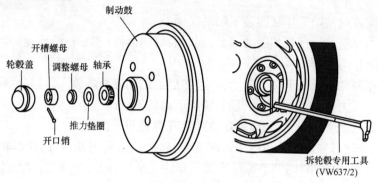

图 4-1-9 轮毂和制动鼓分解和拆卸图

(6)用鲤鱼钳取下制动蹄定位销弹簧座。
(7)用手从下面的支承凸台上提起制动蹄,取出下拉力弹簧及驻车制动拉索。
(8)用鲤鱼钳取下楔形件上的拉力弹簧和上拉力弹簧。
(9)卸下制动蹄,将带压杆的制动蹄卡在台钳上,拆下拉力弹簧,取下压杆。
(10)根据需要,旋出轮缸固定螺栓,取下轮缸并分解。制动轮缸的分解图见图 4-1-11。

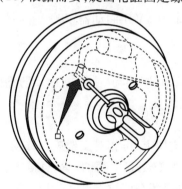
图 4-1-10 楔形块的拨动方法

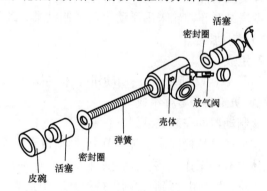
图 4-1-11 制动轮缸分解图

(四)检修

1. 制动蹄摩擦片

制动蹄摩擦片的标准厚度为 5mm,使用极限为 2.5mm。如超过使用极限值或出现严重油污、铆钉松动、裂纹等情况应更换。

2. 制动鼓检修

制动鼓如有裂纹、严重油污、划伤,应换用新件。

3. 工作缸

检查时应无卡滞、漏油现象,否则更换。

4. 其余零件

弹簧应符合要求,无断裂;压杆、楔形件应无变形;定位销安装应可靠。

(五)安装调整

(1)装配制动轮缸。安装时注意:在活塞及密封圈上涂上制动液。装配后应检查其密封性。

(2)将装配好的制动工作缸固装于制动底板上。

(3)将拉力弹簧及压杆装到制动蹄上,同时装好楔形件(楔形件凸面朝向制动底板)。

(4)装好上拉力弹簧。

(5)在驻车制动杆上装上驻车制动拉索,然后把制动蹄上端放入轮缸活塞切槽内。

(6)装入下拉力弹簧,把制动蹄提起,装到下面的支承凸台上。

(7)分别装入楔形件弹簧、制动蹄定位销及其弹簧和弹簧座。

(8)在内、外轮毂轴承及轮毂内注入润滑脂,然后依次将内油封、内轮毂轴承、轮毂及制动鼓、外轮毂轴承、止推垫片、调整螺母安装到车轮支承短轴上,并调整好轮毂轴承预紧度。

(9)装上开槽螺母及开口销。

(10)踩制动踏板数次,使制动器的蹄鼓间隙达到正常值。最后装上轮毂盖。

三、桑塔纳轿车前轮盘式制动器

(一)结构及工作原理

1. 类型特点

桑塔纳轿车前轮采用浮动钳盘式制动器,LX 型轿车为 VWⅡ 制动器,2000 各型号轿车为 FN54 制动器。

2. 组成

如图 4-1-12 所示,它由制动钳壳体、制动钳支架、活塞、制动蹄(带摩擦片)、防振弹簧、制动盘、防溅盘等零件组成。

该制动器的安装关系如下:

支架通过螺栓固装于转向节上,制动钳壳体浮装于支架上,可相对支架进行移动。制动钳壳体内有一工作缸,装有活塞,外面装有进油接头和放气螺钉,活塞的一端有橡胶密封圈和防尘罩,两块制动蹄通过两保持弹簧装在支架上,制动盘装在前轮毂上。

3. 工作原理

如图 4-1-13 所示,液压油进入制动轮缸内,使活塞移动,推动一块制动蹄压向制动盘。同时缸内的液压作用于浮动的制动钳,带动另一块制动蹄压向制动盘,从而在制动蹄和制动盘之间产生摩擦力,即制动器制动力,使汽车减速或停车。

液压油流回制动主缸,活塞在橡胶密封圈的弹性作用下(此弹力是由橡胶密封圈的变形而产生)回位,制动蹄片自行回位,从而解除制动。

(二)制动蹄与制动盘间隙自动调整原理

由上述制动器的工作原理可知:制动蹄与制动盘的间隙取决于活塞的回位移动量,而该移动量由橡胶密封圈的变形来确定。如果间隙过大,制动时,活塞推动制动蹄的移动量会超过橡胶密封圈的最大变形量。这样解除制动时活塞的回位移动量要小于它制动时移出的量,以此来消除因制动蹄片磨损而增大的间隙,使制动蹄和制动盘之间的间隙保持在一定的范围内,从而达到自动调整蹄盘间隙的目的,如图 4-1-14 所示。

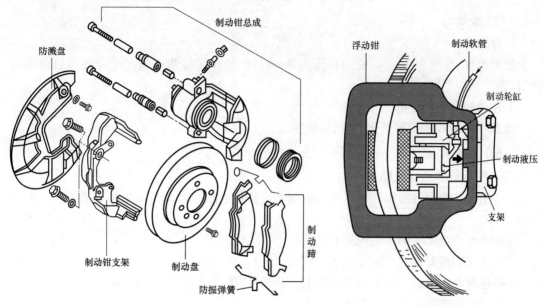

图 4-1-12　前轮制动器结构示意图

图 4-1-13　前轮制动器的工作原理

(三) 拆卸

前制动器的分解图,如图 4-1-15 所示。

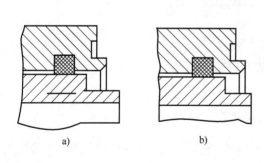

图 4-1-14　前制动器制动间隙的调整原理
a) 制动时;b) 解除制动时

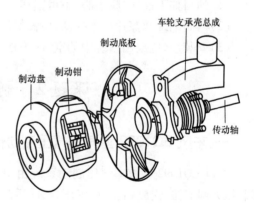

图 4-1-15　前制动器分解图

(1) 旋出前轮固定螺母(拧紧力矩 110N·m),拆下前轮。
(2) 拆下制动蹄上、下防振弹簧。
(3) 用内六角扳手拆下制动钳固定螺栓,取下制动钳。
(4) 从支架上拆下两制动蹄。
(5) 把制动钳活塞压回到制动钳壳体内。在压回活塞之前,应先将储液罐中的制动液抽出一部分,以免活塞压回时,引起制动液外溢,损坏车身油漆。
(6) 需要检修活塞时,在活塞对面垫上木板,从放气螺钉孔中通入压缩空气,将活塞压出缸筒,并用旋具从缸筒中小心取出密封圈。

(7)拆下制动盘与轮毂的连接螺栓,取下制动盘。

(四)检修

1. 摩擦片

标准厚度:标准为14mm,使用极限为7mm。摩擦蹄片的使用情况通常通过目测来检测,以确定是否更换。

2. 制动钳和制动轮缸

橡胶密封圈和防尘罩老化失效,应更换。

(五)安装调整

安装按分解的相反顺序进行。

(1)用旋具将密封圈和防尘罩装入制动钳缸筒中,然后再用专用工具将活塞压入制动钳缸筒内。

(2)将制动盘安装到车轮轮毂上。

(3)把摩擦蹄安装到支架上。

(4)将制动钳装到车轮支承壳总成上。两固定螺母的力矩为70 N·m。

(5)安装摩擦片上下定位弹簧。

(6)装上制动管路,排除制动系统内的空气,并通过踩制动踏板使摩擦片位置正确。

(六)安装注意事项

(1)油封如不换新,应小心,不可损伤。

(2)两制动蹄摩擦片如不换新,应做好记号,保证原位安装。

(3)安装后,应放出系统中的空气(方法见后叙)。

课题2 制动传动系统

一、东风EQ1092型汽车气压制动传动系统

东风EQ1092型汽车气压制动系统由空气压缩机、湿储气筒、前后桥储气筒、制动控制阀、压力调节器、快放阀、双针气压表、前后制动气室、挂车控制阀、挂车分离开关、制动踏板、管路及车轮制动器等组成。系统的布置形式如图4-2-1所示。

当发动机工作时,发动机带动空气压缩机泵气。压缩气体首先进入湿储气筒,然后分别进入前后桥储气筒,并经管路通入双针气压表和制动控制阀。双针气压表分别指示前后储气筒的气压。其中前桥储气筒的压缩空气还经挂车控制阀及分离开关通入挂车储气筒,以作为挂车制动力源。湿储气筒的气压经管路、调压阀回到空气压缩机的卸荷阀。当湿储气筒气压达到686~725kPa时,卸荷阀开启,空气压缩机空转,不再泵气,以减轻发动机的负荷;当湿储气筒气压下降到630~686kPa时,卸荷阀关闭,空气压缩机继续泵气。制动控制阀控制前后桥储气筒与汽车前后车轮制动气室的通断,同时还控制前桥储气筒与挂车控制阀的通断。驾驶员踩下制动踏板时,前后桥储气筒的压缩空气分别进入前后制动气室(到后制动气室的压缩空气要经过一只快放阀),从而使汽车产生制动;同时,前桥储气筒的压缩空

气还进入挂车控制阀,使挂车也产生制动。驾驶员放松制动踏板后,各制动气室的压缩空气被排入大气中,制动被解除。

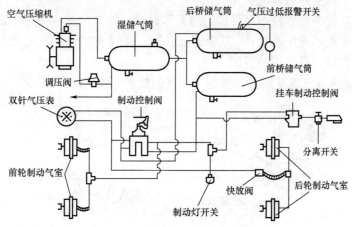

图 4-2-1　EQ1092 气压制动系统布置图

由于目前汽车上使用的制动传动系统以液压为主,对于气压制动系统各机件的结构、原理及检修方法不再详述。

二、桑塔纳 2000 型轿车液压制动传动系统

(一) 桑塔纳液压制动系统的组成及工作原理

1. 组成

桑塔纳 2000 型轿车常规液压制动系统总体结构如图 4-2-2 所示。它由带真空助力器的制动主缸、制动踏板、前后车轮制动器、制动管路及制动信号灯等构成。

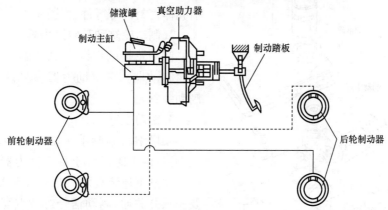

图 4-2-2　桑塔纳轿车常规液压制动系统示意图

2. 工作原理

当驾驶员踩下制动踏板时,制动主缸内的制动液在驾驶员和真空助力器的作用下,产生液压并通过制动管路进入前后制动轮缸,轮缸活塞被推开,从而使制动蹄压向制动盘或鼓,产生制动;当驾驶员抬起制动踏板时,在各复位弹簧的作用下,制动液由制动轮缸经管路流回制动主缸,制动蹄回位与盘或鼓分离,解除制动。

（二）桑塔纳液压制动系统的主要总成

1. 制动主缸及真空助力器的拆卸

桑塔纳制动主缸内部零件不允许进行分解和修理。如有损坏应更换主缸总成。制动主缸和真空助力器虽由不同厂家生产，但总成可互换。其储液罐也可单独更换。以下主要介绍制动主缸和真空助力器总成的拆卸。

（1）拆下制动踏板与真空助力器推杆连接叉的锁片和销，如图 4-2-3 所示。

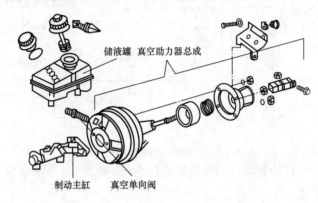

图 4-2-3　真空助力器和制动主缸分解图

（2）拆卸制动主缸上的连接硬管，如图 4-2-4 所示，注意用容器收集制动液。

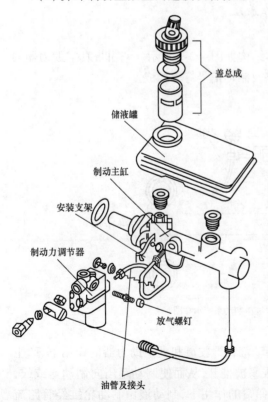

图 4-2-4　制动主缸的拆卸

（3）拆下真空助力器安装支架固定螺栓，将制动主缸和真空助力器一起从车上拆卸下来。

（4）在真空助力器前后壳体上做好记号，按顺序依次拆下膜片弹簧、推杆、膜片总成及前壳体密封件等零件，如图 4-2-5 所示。

2. 制动轮缸和真空助力器

制动轮缸的情况参见课题一中的桑塔纳后轮制动器。真空助力器参见课题三的辅助制动装置。

3. 制动主缸

桑塔纳轿车制动主缸采用串联双腔活塞式，通过两个螺母装于真空助力器的前面。在制动主缸上还装有两只制动灯开关（并联），只要一只开关通，制动信号灯就点亮。有些车制动灯开关装在制动踏板上。

1）制动主缸结构

制动主缸由储液罐、缸体、第一活塞及复位弹簧、第二活塞及复位弹簧、进油孔、补偿孔（各两个）、出油阀、密封圈、导向套等构成，如图 4-2-6 所示。

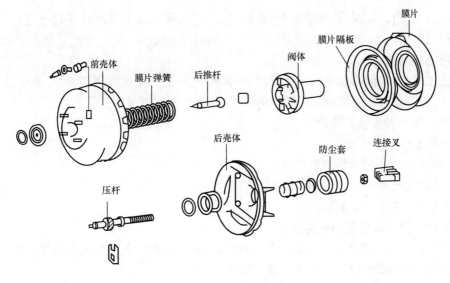

图 4-2-5 真空助力器分解图

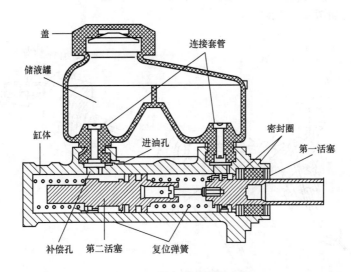

图 4-2-6 制动主缸结构示意图

2）工作原理

（1）制动时：踩下制动踏板，驾驶员作用于推杆的力和助力器的力一起作用于顶杆，并传至第一活塞，使其移动，关闭后腔的补偿孔，使液压升高。同时该液压和复位弹簧弹力一起作用在第二活塞上，使第二活塞移动，关闭前腔的补偿孔，使该腔液压升高。前后腔升高的液压油经前后管路进入前后车轮制动器工作缸产生制动作用。

（2）解除制动时：放松制动踏板，第一、二活塞在复位弹簧作用下回到原来的位置，进油口和前后腔相通，液压油回流，从而解除制动。

（3）某条管路损坏时的工作情况：当与前出油孔相连的管路泄漏时，前腔液压下降，第二活塞被推至最左端，第一活塞在顶杆作用下左移，以保持后腔的液压。从而保证了与后出油孔相连的管路仍能起制动作用。

当与后出油孔相连的管路泄漏时,后腔液压下降,第一活塞在顶杆作用下左移,其头部的螺栓顶住第二活塞,推动第二活塞左移,前腔仍可建立油压。从而保证了与前出油孔相连的管路仍能起制动作用。

由上述可知:当液压系统中一条管路损坏时,另一条仍能保证制动,而不至于造成全车制动失效,只是此时比正常制动时踏板的位置要低一些,制动效果也将下降一些。

3)出油阀和补偿孔的作用

其主要有以下三方面:

(1)可采用两脚制动增强制动效果。

(2)消除负压的影响,防止系统渗入空气。

(3)防止热胀造成的制动拖滞。

4. 制动主缸及真空助力器的装配

制动主缸及真空助力器的安装可按拆卸时的相反顺序进行,此处仅介绍其注意点。

(1)各橡胶件安装前涂以少量制动液,以便安装。

(2)真空助力器推杆与连接叉连接时,应通过转动连接叉使其与真空助力器壳体之间的距离 a 为220mm,如图4-2-7所示。

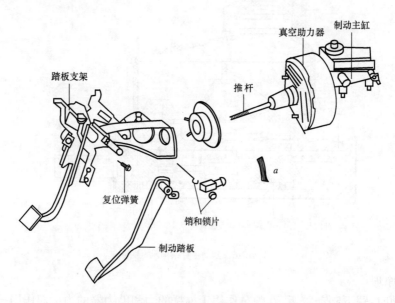

图4-2-7 制动踏板分解图

(3)加注制动液至"MAX"处,最后进行制动系统空气排除,并将制动液加至规定值。

5. 检查制动主缸和真空助力器的工作情况

(1)在未起动发动机时踩下制动踏板,然后起动发动机,如制动踏板无明显的下降感,则应检查助力器以及到进气歧管的真空管路是否漏气(管路漏气还会影响发动机的工作)。

(2)起动发动机至中速以上运转几分钟,然后熄火。此时踩制动踏板,在真空助力器的进气处能听到"呼"的一声进气声,重复踩第二次踏板时,仍能听到较前次轻一些的进气声,则为正常。否则需检查单向阀、真空管路及助力器,并及时修复或更换。

(3)如果在未制动时,也能听到进气声,则要更换真空助力器。

(三) 液压制动系统空气的排除方法

液压制动系统渗入空气,将影响制动效果,严重时会造成制动失效。

当维修制动系统、更换制动液或平时踩制动感觉踏板无力且有弹性时,则说明制动系统有空气,需排除空气。排除空气可用大众公司专用的 VW1238—1 型制动液充放机或采用人工放气,如图 4-2-8 所示。其方法如下:

(1)一人反复踩制动踏板数次并踩住。

(2)另一人拧松放气螺钉,此时夹有气泡的制动液就会流出。当踏板下降到接近最低点时拧紧放气螺钉。重复上述过程,直至放出的制动液中不再夹有气泡。放气过程中及放完气后,储液罐内的制动液不可太少,应及时添加。

(3)放气顺序总的原则是先远后近,一般车辆为"右后→左后→右前→左前"的顺序。

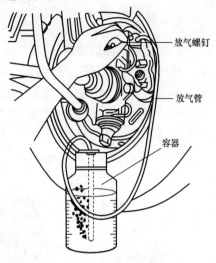

图 4-2-8 桑塔纳制动系统内空气的排除方法

(四) 制动踏板的行程及自由行程的调整

桑塔纳轿车制动踏板自由行程:不大于 45mm。

通过调整踏板上推杆的长度来校正,具体参见图 4-2-9 中尺寸所示。

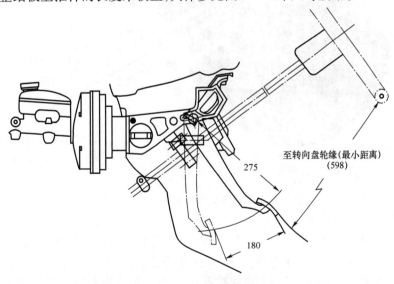

图 4-2-9 制动踏板行程及自由行程的调整

课题 3 制动辅助装置

为减轻驾驶员施加于制动踏板上的力,增加车轮制动力,达到操纵轻便、制动可靠的目的,有的车辆在液压制动系统中加装了真空加力装置。根据结构不同,真空加力装置可分助力式和增压式两种形式。助力式是通过助力器来帮助制动踏板对制动主缸产生推力,装在主缸与踏板之间;增压式是通过增压器将制动主缸的液压进一步增加,装在主缸之后。

一、真空助力器

1. 真空助力器的结构

桑塔纳 2000GSi 真空助力器主要由加力气室和控制阀两部分组成,其结构如图 4-3-1 所示。真空助力器和制动主缸用 4 个螺钉固定在车身前围上,加力气室左右外壳和膜片压合在一起,膜片将加力气室分成左、右两腔,左腔经真空单向阀与发动机进气歧管相通。控制阀的阀体压合在气室膜片上,气室膜片复位弹簧将控制阀总成连同气室膜片压向右边。

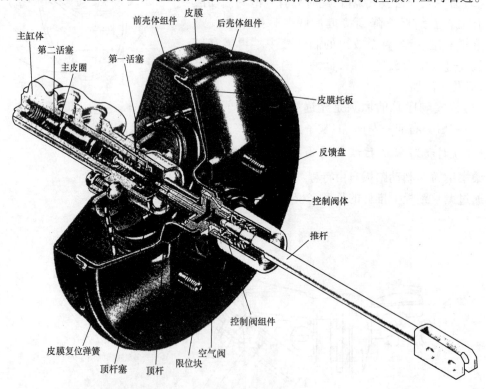

图 4-3-1 真空助力器

2. 真空助力器的工作原理

在未踩下制动踏板时,控制阀处于非工作状态(图 4-3-2),此时,空气阀处于关闭状态,加力气室与大气隔绝;真空阀处于开启状态,加力气室左、右两腔相互连通,左、右气室的压力差为零。在发动机工作时,真空单向阀被吸开,两气室的真空度绝对值与发动机进气歧管的真空度相同。

真空助力器工作过程如图 4-3-3 所示。

踩下制动踏板时,踏板推杆克服弹簧的弹力左移,通过顶杆推压主缸活塞左移。与此同时,踏板推杆的移动使真空阀逐渐关闭,加力气室左、右两腔相互隔绝。推杆继续左移,空气阀打开,外界空气经空气滤清器进入右气室。于是在左右气室间产生一个压力差,使气室膜片带动真空控制阀总成以及推杆和制动主缸活塞一起向左移动。此时作用于主缸活塞上的

单元四 制 动 系

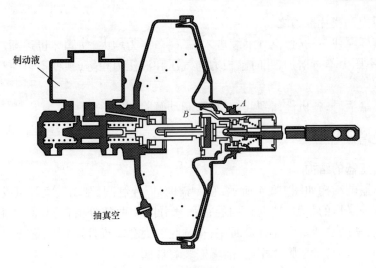

图 4-3-2 真空助力器非工作状态时

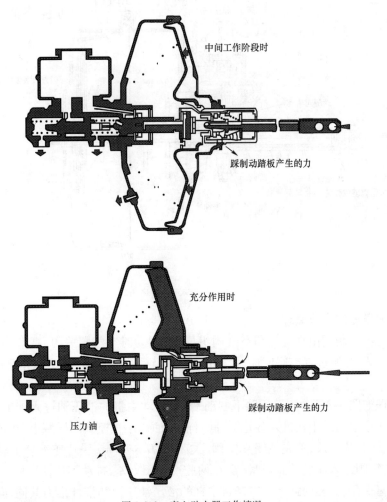

图 4-3-3 真空助力器工作情况

推力等于踏板力和膜片推力之和。

当制动踏板踩住不动时,空气继续进入右气室,压力增大,使阀体也逐渐左移,空气阀逐渐关闭,右气室压力不再增加,此时踏板力与气压和液压力相等,顶杆不再左移,车辆维持一定的制动强度。

松开制动踏板时,各机件回到起始位置,制动解除。

二、真空增压器

1. 真空增压器的结构

真空增压器的结构如图 4-3-4 所示,它由辅助缸、控制阀、制动气室等组成。辅助缸是将低压制动液变为高压的装置,辅助缸内腔被活塞分隔为两部分,右腔与制动主缸相通,左腔经接头通轮缸,辅助缸活塞中部有贯通左、右两腔的通孔。推杆通过尼龙密封圈支承于辅助缸体的孔中,其后端与气室膜片相连,前端嵌装着球阀。

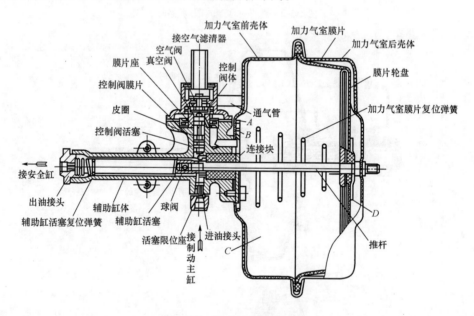

图 4-3-4 66—Ⅳ型真空增压器

2. 真空增压器的工作原理

真空增压器控制阀由真空阀和空气阀组成,不制动时空气阀关闭,真空阀开启,控制阀上腔 A 与下腔 B,并通过真空阀使加力气室前腔 C 与后腔 D 相通,C、D 两腔保持同样的真空度,无压力差。

制动过程如图 4-3-5a)所示。踏下制动踏板,制动主缸的液压油进入辅助缸体中,一部分液压油经活塞中间的小孔进入各轮缸,同时液压油作用在控制阀活塞上,当油压升到一定值时,活塞连同膜片上移,首先关闭真空阀,关闭 C、D 腔通道,膜片座继续上移将空气阀打开,空气经空气阀进入 A 腔并到 D 腔,D、C 两腔产生压力差,推动膜片使推杆左移,在球阀关闭辅助缸活塞中孔后,辅助缸活塞在来自主缸的液压油压力和推杆推力共同作用下左移,作用于轮缸的制动液压力大幅度高。

维持过程：当制动踏板踩到某一位置不动时，主缸不再向辅助缸输送制动液，由于加力气室推杆推动辅助缸活塞左移，使辅助缸右腔油压下降，控制阀活塞下移，带动空气阀和真空阀都关闭，因而加力气室的压力差不变，推杆推力不变，维持了一定强度的制动。若继续踩下踏板，控制阀活塞上行打开空气阀，使 D、C 两腔的压力差增大，从而推杆推动辅助缸活塞进一步左移，制动力增大。

放松踏板过程如图 4-3-5b) 所示。松开制动踏板后，控制阀活塞下移关闭空气阀后，真空阀打开，此 A、B、C、D 腔均通真空源，具有相同的真空度。推杆、膜片及辅助缸活塞在弹簧的作用下各自回位，轮缸油液从辅助缸活塞的小孔中流回，从而解除制动。

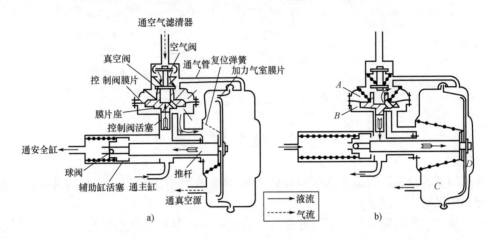

图 4-3-5 真空增压器的工作情况

三、真空助力器和真空增压器的检修与试验

1. 主要零部件的检修

壳体和膜片，如有破裂、老化，控制阀和密封件失效，应换用新的总成。

2. 装配注意事项

（1）零件应用酒精清洗，禁止用汽油、煤油等矿物油清洗。

（2）装配前应在控制阀等运动件的动配合处涂硅质润滑脂；增压器增压缸各零件涂以制动液。

（3）前后壳体装配时应对正各记号。

四、其他辅助制动装置

在山区行驶的汽车，下长坡的机会较多，若长时间频繁使用行车制动器，会使制动器过热，制动能力衰退，从而影响安全行车。因此，有些重型汽车上装设有辅助制动装置。

辅助制动装置有排气制动、电力减速、液力减速和空气动力减速等类型，其中以排气制动应用最广泛。

排气制动装置是在发动机排气管出口处装一个蝶形片阀，当汽车下长坡时将该片阀关闭，并停止供油，利用发动机压缩和排气过程中压缩纯空气的运转阻力来实现辅助制动。图 4-3-6 所示为电磁气压操纵的排气制动装置原理图。

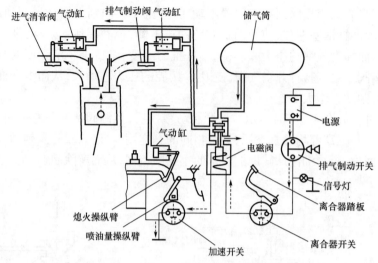

图 4-3-6 电磁气压操纵的排气制动装置原理图

课题4 驻车制动装置

驻车制动装置的作用是使汽车能可靠停放,便于在坡道上起步。驻车制动装置由驻车制动器和操纵机构组成。

驻车制动器按其安装位置不同可分为中央驻车制动器和车轮驻车制动器两种;按其结构不同可分盘式、鼓式和带式三种。

一、桑塔纳2000GSi 驻车制动装置

桑塔纳 2000GSi 驻车制动装置由驻车制动杆、制动拉索、拉索调整杆、棘爪机构、后轮制动器等组成。操纵机构如图 4-4-1 所示,制动器部分参见行车制动器。

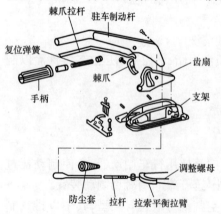

图 4-4-1 桑塔纳 2000GSi 操纵机构分解图

把驻车制动杆向上拉起时,驻车制动杆将驻车制动拉索拉紧。由于制动拉索的夹子套在后制动器内制动杆的下端钩槽内,这样制动杆就绕销轴顺时针旋转,并推动压力杆使左右制动蹄向外张开,压紧制动鼓内表面,实现驻车制动,并通过棘爪机构将其锁止在制动位置。

1. 驻车制动器操纵机构拆卸

(1) 放松驻车制动。
(2) 拧下拉杆固定螺母,使拉索与调整拉杆分离。
(3) 拧下操纵杆支架固定螺母,取下支架总成。
(4) 拧下制动手柄套,按钮弹簧。
(5) 拆除各销轴的开口销,然后依次取下棘轮杆、棘爪、扇形齿。

2. 驻车制动器操纵机构检修

(1) 驻车操纵机构各铰接部分磨损松旷时,更换各连接销。

(2)扇形齿、棘爪等磨损严重,不能可靠锁止时,换用新件。
(3)拉索接头有松旷、断丝现象,换新件。

3. 驻车操纵机构装配

其安装顺序与拆卸顺序相反。

4. 驻车制动杆自由行程的检查与调整

拉起驻车制动杆5~7个齿,应能可靠驻车,放松手制动时两后轮都能自由转动。如不符合要求,可按下述方法进行调整:

(1)松开驻车制动杆。
(2)用力踩下制动踏板。
(3)把驻车制动杆拉紧两个齿。
(4)按图4-4-2箭头所示方向,拧紧拉索调整螺母,直到用手不能旋转两个后轮为止。
(5)松开驻车制动杆,两后轮能旋转自如。

图4-4-2 驻车制动杆自由行程调整

二、东风EQ1092型汽车驻车制动装置

东风EQ1092型汽车采用的是中央驻车制动器,其结构如图4-4-3所示。

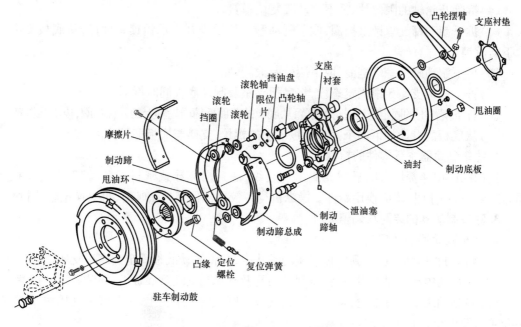

图4-4-3 东风EQ1092型驻车制动器分解图

1. 东风EQ1092型汽车驻车制动装置拆卸

1)驻车制动操纵机构的拆卸

拆卸东风EQ1092型汽车驻车制动操纵机构时,可先拆除各铰接销轴的开口销,使驻车制操纵机构各机件分离,如图4-4-4所示。必要时可钻除制动操纵杆铰接铆钉,取下操纵杆。最后拆下齿扇固定螺栓,取下齿扇。

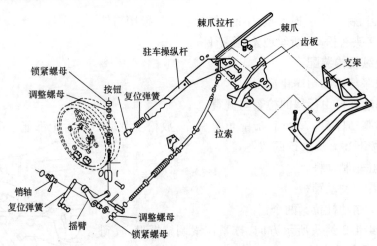

图 4-4-4　东风 EQ1092 型驻车制动操纵机构

2）驻车制动器的拆卸

（1）拧下传动轴总成与驻车制动器的连接螺母，拔出传动轴总成。

（2）拧下制动鼓两个定位螺钉，取下制动鼓。

（3）拧下变速器输出轴后端凸缘盘紧固螺母，取下凸缘盘及甩油环。

（4）拆除凸轮轴的限位片，拆下制动蹄复位弹簧。

（5）拆下制动蹄支承销上挡圈，取下制动蹄。然后松开支承销锁紧螺母，从底板支座上取下支承销。

（6）拆下制动蹄另一端挡圈，取下滚轮及滚轮轴。

（7）拧下底板支座 5 根固定螺栓，将底板支座及制动底板同时拆下。

（8）拧下摆臂上的固定螺钉，拆掉摆臂，从底板的背面拆掉凸轮轴上的弹性挡圈，拔出凸轮轴。

（9）从底板的背面拧下两个紧固底板支座的螺栓，支座与底板即可分离。

2. 驻车制动器主要零件的检修

制动蹄回位弹簧拉力明显减弱或出现裂纹，油封损坏导致密封不良，棘爪机构磨损严重，不能可靠锁止时，均应换用新件。操纵机构各铰接部位磨损松旷时，可更换销轴或衬套。

3. 驻车制动器的装配与调整

1）驻车制动器的装配

（1）将油封、挡油盘压装到底板支座的承孔中，并将制动底板固定到底板支座上。

（2）在承孔中涂适量润滑脂后，将制动凸轮及支承销安装到底板上，并装好弹性挡圈。

（3）在制动蹄上装好滚轮，将其安装到底板支座上的支承销上，并装好弹性挡圈、制动蹄复位弹簧及限位片。

（4）将制动凸轮摆臂安装到凸轮轴上，把甩油环套到变速器第二轴上，然后将组装好的制动底板总成紧固到变速器第二轴轴承座上。

（5）将甩油环套装到凸缘盘上，然后将凸缘盘压装到变速器第二轴上，并以 210～240 N·m 的力矩拧紧凸缘螺母。

（6）装好制动鼓，并拧紧其固定螺钉。

（7）安装好万向传动装置，连接好制动操纵机构。

2)驻车制动器的调整

(1)先将驻车制动器操纵杆放至最低位置,拧动软轴调整螺母,使摇臂与地面成15°夹角,然后拧紧锁紧螺母,如图4-4-5所示。

(2)将操纵杆拉起7~9响,反复拧动驻车制动拉杆上端的调整螺母及制动蹄支承销,使制动蹄完全压紧在驻车制动鼓上。然后拧紧支承销固定螺母及制动拉杆上端的锁紧螺母。

(3)检查驻车制动器调整是否得当:将驻车制动器操纵杆从放松位置向上拉起,其空行程应只有2响,第3响开始有制动感,拉至7~9响时,汽车应能可靠地停在坡度为20%、附着系数不小于0.7的坡道上。放松驻车制动操纵杆时,驻车制动器应无发热现象,否则,应重新进行调整。

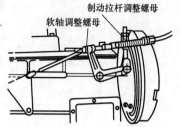

图4-4-5 驻车制动器的调整

课题5 汽车制动防抱死装置

一、系统的基本组成、工作原理及类型

(一)系统的基本组成

防抱死装置(Anti-Lock Brake System,ABS)的作用是在车辆制动时,自动调节车轮制动力,防止车轮完全抱死,从而获得最佳制动效果。它主要由液压调节器(带液压油泵)、车轮转速传感器、电控单元(ECU)及电路等装置组成。图4-5-1、图4-5-2为桑塔纳2000轿车上装用的ABS系统的组成及其安装位置图。图4-5-3为LS400型轿车ABS系统的布置形式(不带TRC),上述两类车型的ABS系统均采用四传感器、三通道、前轮独立控制、后轮选择控制方式。

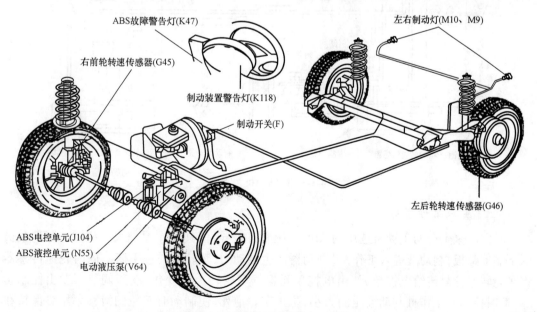

图4-5-1 桑塔纳2000轿车ABS系统

图 4-5-2 桑塔纳 2000 轿车 ABS 系统各元件安装位置图

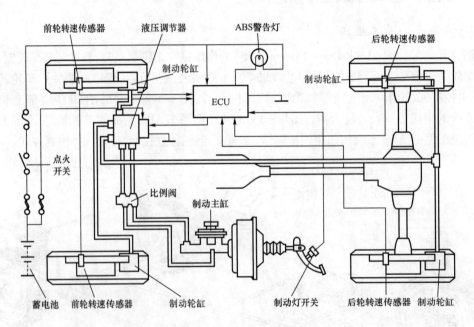

图 4-5-3 LS400 ABS 布置形式

(二)基本工作原理

不同厂家生产的车辆所选用的 ABS 系统略有差异,但其工作原理大致相同。即驾驶员踩下制动踏板,制动液进入工作缸,制动器产生制动力,车轮的转速下降。同时轮速传感器将车轮转速信号传给电控单元,由电控单元根据车轮转速的变化,液压调节器发出控制指令,适时控制各工作缸制动液压的大小,防止车轮抱死,使制动时车轮的滑移率始终保持在 10%～20%,即达到最佳制动状态。

二、桑塔纳 2000GSi 轿车 ABS 系统

(一)基本组成

桑塔纳 2000GSi 和 2000GSi—AT 型轿车采用美国 ITT 公司生产的 MK20-1 型 ABS 系统。它是一种四传感器、三通道、前轮独立控制、后轮为低选择控制方式的 ABS 系统,其基本组成见图 4-5-1。它主要由电控单元(J104)、液压控制单元(N55)、电动液压泵(V64)、车轮转速传感器(G44、G45、G46、G47)、制动灯(M9、M10)、制动开关(F)、ABS 故障警告灯(K47)、制动装置警告灯(K118)等部件构成。以下主要介绍车轮转速传感器、液压控制单元(液压调节器)、电控单元三大部件。

(二)车轮转速传感器

1. 作用、安装位置及类型

1)作用

车轮转速传感器用于检测车轮的转速,并将车轮转速信号输入电控单元。

2)安装位置

车轮转速传感器通常安装于车轮托架上,如图 4-5-4 所示,每个车轮上都装有一个传感器。

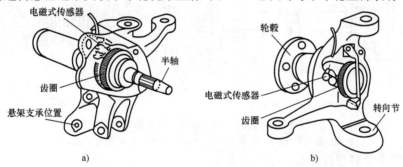

图 4-5-4 转速传感器的安装位置
a)驱动车轮;b)非驱动轮

3)结构类型

目前常用的车轮转速传感器有电磁感应式和霍尔式两种。

2. 电磁式车轮转速传感器

桑塔纳 2000GSi 和 2000GSi—AT 型轿车都采用此类转速传感器。它是利用通过线圈的磁通变化,感应车轮的转速。

1)结构

如图 4-5-5 所示,电磁感应式转速传感器由磁感应传感头和齿圈两部分组成。

传感头为静止部件,由永久磁铁、感应线圈和磁极(极轴)构成,安装在车轮的托架上,有两根引线(屏蔽线)接至电控单元。齿圈为运动部件,安装在轮毂或轮轴上,随车轮一起旋转。传感头上的磁极与齿圈间有约 1mm 的间隙,如图 4-5-6 所示。可通过移动传感头的位置来调整,其大小会影响感应电压。如传感器松动时,故障灯就可能会亮。

2)工作原理

如图 4-5-7 所示,当齿圈随车轮旋转时,由于磁极及齿圈间的间隙发生变化(齿顶、齿

根),使得通过线圈的磁通发生变化,从而在线圈上感应出交流电动势,其频率与车轮转速成正比,电动势的大小(振幅)也与转速成正比。电控单元依据此信号频率确定转速,并测算出瞬时制动减速度及制动滑移率,从而控制制动液压,防止车轮抱死。

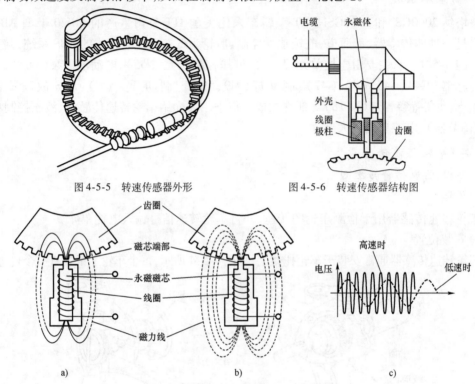

图 4-5-5 转速传感器外形　　图 4-5-6 转速传感器结构图

图 4-5-7 电磁感应式转速传感器工作原理示意图
a)齿隙与磁芯端部相对时;b)齿顶与磁芯端部相对时;c)传感器输出电压

3. 霍尔式车轮转速传感器

1)组成

霍尔式车轮转速传感器由传感头和齿圈两部分构成。传感头由永磁体、霍尔元件和电子电路等组成。

2)工作原理

如图 4-5-8 所示,由于图 4-5-8a)中穿过霍尔元件的磁力线分散,磁场较弱,而图 4-5-8b)中则相反,磁场较强。这样齿圈随车轮转动时,就使得穿过霍尔元件的磁力线密度发生

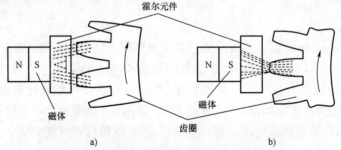

图 4-5-8 霍尔式车轮转速传感器工作原理示意图
a)磁场较弱时;b)磁场较强时

变化,从而产生霍尔电压(mV级准正弦波电压)。该电压信号由电子电路转换成标准的脉冲电压信号后输入到电控单元。

3)霍尔式转速传感器的特点

与电磁感应式传感器相比,霍尔式转速传感器有以下特点:

(1)输出的信号受转速的影响小,最低车速可接近于零。

(2)频率响应性好,可达到20kHz(相应车速可达到1000km/h左右)。

(3)抗电磁干扰能力强。

4. 车轮转速传感器的使用注意事项

(1)传感器安装要牢固。

(2)水、泥沙、灰尘对传感器有影响,会使信号消失或出现错误。因此使用中应保持清洁。

(3)轮速传感器的输出线为屏蔽线,不可以用其他电线代替,以免受外界电磁波的干扰,出现错误信号。

(三)液压控制单元

液压控制单元(液压调节器)的作用是接受ECU的指令,并通过电磁阀,来实现制动器制动液压的自动调节。

根据压力控制方式不同制动压力调节器可分为循环式和可变容积式两类。循环式由电磁阀直接控制制动压力(又叫常流通式);可变容积式制动压力调节器由电磁阀间接控制制动压力。

1. 桑塔纳2000GSi 和 2000GSi—AT型轿车循环式压力调节器

1)组成

桑塔纳2000GSi 和 2000GSi—AT型轿车循环式压力调节器的外形如图4-5-9所示。它由一只电动泵、储能器、8个电磁阀等构成。通往前后轮的每条管路设有一对电磁阀,其中一个是常开进油阀,另一个是常闭出油阀。由电控单元控制8个电磁阀的开闭,即可实现对制动压力的控制。储能器用以减轻油压的脉动。

图4-5-9 桑塔纳2000GSi 和 2000GSi—AT型轿车循环式压力调节器外形图

2)液压调节原理

(1)制动油压建立(初始制动阶段):当驾驶员踩下制动踏板,制动主缸产生的油压通过管路,并经常开进油阀进入制动工作缸,出油阀处于关闭状态,从而使车轮制动器产生制动力。随着驾驶员踩下制动踏板行程的增加,制动压力逐渐上升,车轮转速逐渐下降,如图4-5-10所示。

(2)制动压力保持阶段:随着制动压力升高,车轮转速逐渐下降并开始出现滑移。当车轮的滑移率达到10%~20%时,ABS中的电控单元输出控制指令,使进油阀通电而关闭油路。此时,制动工作缸内制动压力保持恒定,车辆维持一定的制动强度,如图4-5-11所示。

(3)制动压力降低阶段:当制动油压保持不变而车轮转速继续下降,车轮的滑移率超过10%~20%时,ABS中的电控单元输出控制指令,使出油阀通电打开,制动工作缸内的高压油从出油阀经管路流入储能器中,制动油压下降,车轮转速由下降逐渐变为上升,滑移率也由增加逐渐变为下降。与此同时,电控单元控制电动油泵工作,把储能器和由出油阀流出的压力油泵回制动主缸,以保证制动工作缸内的制动液压能迅速有效地下降,如图4-5-12所示。

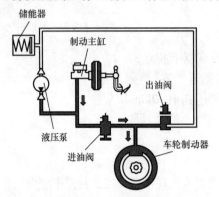

图4-5-10 初始制动过程

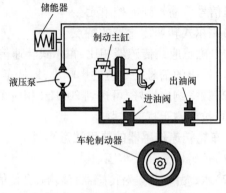

图4-5-11 制动压力保持阶段

(4)制动压力增加阶段:当车轮转速上升,滑移率下降到低于10%～20%时,ABS电控单元输出控制指令,使进、出油阀断电,进油阀打开,出油阀关闭,制动轮缸油路接通,制动主缸的压力油进入制动轮缸,制动油压增加,车轮转速又开始下降。同时电动泵继续工作,以保证制动油压的增加更快速有效,如图4-5-13所示。如此交替控制进、出油阀的开闭(其变化频率约为5～6次/s),使车轮的滑移率始终被控制在10%～20%,从而使汽车的制动性能达到最佳状态。

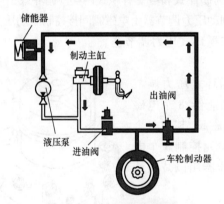

图4-5-12 制动压力降低阶段

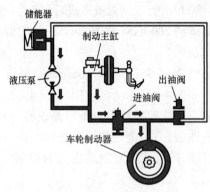

图4-5-13 制动压力增加阶段

2. LS400轿车循环式压力调节器

1)组成

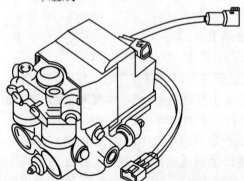

图4-5-14 LS400液压调节器结构

LS400轿车循环式压力调节器(不带TRC)的结构如图4-5-14所示。它由2只回油泵、3个储能器和3个三位三通电磁阀等构成一整体结构。图4-5-15为LS400 ABS系统液压控制回路(不带TRC)。

2)工作原理

(1)升压过程(常规制动):如图4-5-16a)所示,驾驶员踩下制动踏板,制动工作缸与制动主缸直接相通,车轮制动器的制动力随制动主缸油压的增加而增加。

单元四 制　动　系

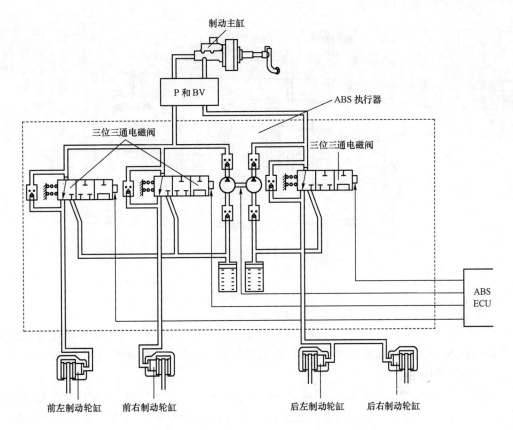

图 4-5-15　LS400ABS 系统(不带 TRC)液压回路

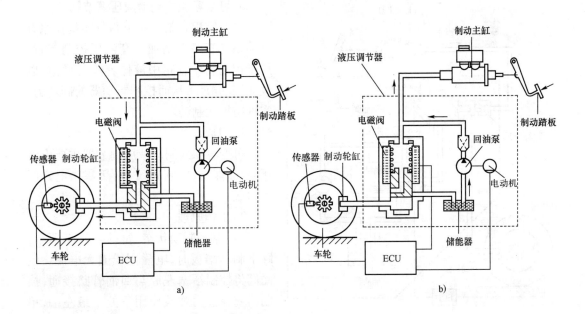

图 4-5-16

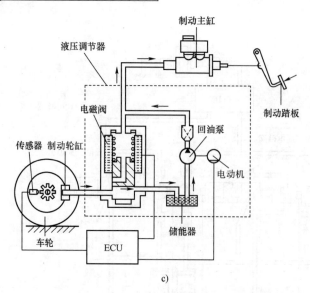

图 4-5-16 循环式液压制动调节器工作示意图
a)常规制动(升压)过程;b)保压过程;c)减压过程

(2)保压过程:如图 4-5-16b)所示,滑移率达到 10%~20%时,电控单元给电磁阀线圈通 2A 电流,电磁阀处于保压位置。此时,制动轮缸和主缸不通,回油孔也不通,制动工作缸中保持一定的制动液压。

(3)减压过程:如图 4-5-16c)所示,当车轮的滑移率接近 20%时,电控单元给电磁阀线圈通 5A 电流,电磁阀处于减压位置。此时制动工作缸中的制动液通过回油孔进入储液罐,并由油泵泵回主缸,从而降低制动液压,减小制动器制动力,以防车轮抱死。

3. 可变容积式制动液压调节器

可变容积式制动液压调节器是在原有制动系统管路上增加一套液压控制装置,用于控制制动管路中液体容积的增减,以改变制动液压,从而控制制动器的制动力,实现防抱死制动。

1)组成

可变容积式制动液压调节器主要由液压泵、储能器、控制阀(控制活塞)、电磁阀等组成。

2)工作原理

(1)常规制动状态:如图 4-5-17 所示,踩下制动踏板时,电磁阀线圈无电流。电磁阀将控制活塞左腔与回油管路接通,控制活塞在强力弹簧作用下处于最左端,单向阀被顶开,制动主缸和轮缸相通,制动轮缸的液压随制动主缸的液压增大而增大,

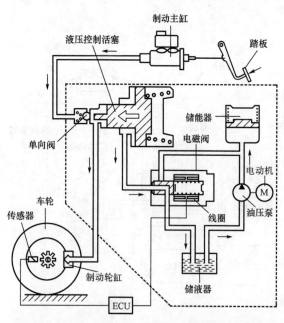

图 4-5-17 可变容积式液压调节器内部结构简图(常规制动)

车轮制动器产生制动力使汽车减速。

（2）减压过程：如图4-5-18a）所示，电控单元给电磁阀线圈通一大电流（通过继电器），柱塞克服弹簧弹力右移，关闭控制活塞工作腔与回油管路的通路。同时将控制活塞左腔与储能器及液压泵接通。此时来自储能器及液压泵的高压液体推动控制活塞右移，关闭单向阀，切断制动主缸和制动轮缸的通路，使制动轮缸液压不再增大。活塞继续右移，继而使活塞左侧的空腔体积增大，制动轮缸的液压下降，制动力下降，以防止车轮抱死。

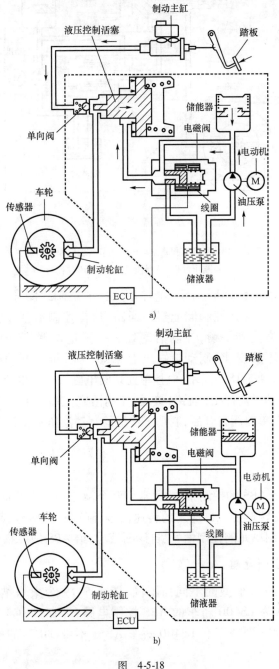

图 4-5-18

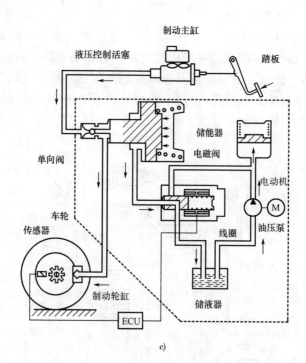

图4-5-18 可变容积式制动压力调节器工作原理示意图
a)减压过程;b)保压过程;c)增压过程

(3)保压过程:如图4-5-18b)所示,电控单元给电磁阀线圈通小电流,电磁阀柱塞处于中位,切断了控制活塞工作腔和储能器的通路,这样控制活塞左工作腔油压和制动轮缸液压与强力弹簧弹力达到平衡,控制活塞处于一固定位置,单向阀仍关闭,从而使通制动轮缸一侧的容积不再变化,制动轮缸压力保持不变,维持制动状态。

(4)增压过程:如图4-5-18c)所示,电控单元切断电磁阀线圈电流,柱塞在弹簧作用下左移,使控制活塞左腔和储能器(回油通路)接通,控制活塞在强力弹簧作用下左移,左侧容积减小,制动液压增大,至单向阀打开后,制动工作缸的制动液压随主缸液压增加而增加,从而使制动器制动力增大。

(四)电控单元

电控单元(ECU)是ABS的控制中心,通常由两个微处理器和其他必要电路组成。电控单元接受来自4个车轮转速传感器送来的转速信号、制动开关信号、起动信号等,经处理输出3种信号:给液压控制单元的控制信号、自诊断信号、给ABS故障指示灯信号。

(五)ABS系统控制电路

ABS系统控制电路随车型的不同而不同,图4-5-19为桑塔纳2000型轿车的ABS控制电路。图4-5-20为LS400轿车的ABS控制电路(不带TRC)。表4-5-1、表4-5-2分别列出了桑塔纳2000型轿车和LS400轿车ABS(不带TRC)的电控单元的端子名称及用途。

单元四 制动系

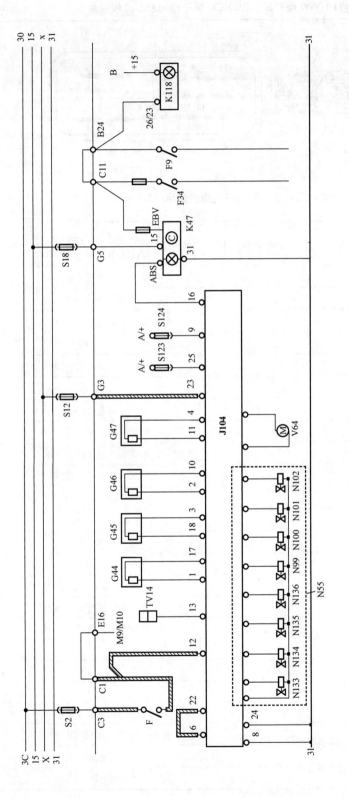

图 4-5-19 桑塔纳 2000 型轿车 ABS 控制电路

A-蓄电池;B-在仪表内 +15;F-制动开关;F9-驻车制动开关;F34-制动液液面开关;G44-右后轮转速传感器;G45-右前轮转速传感器;G46-左后轮转速传感器;G47-左前轮转速传感器;J104-ABS 控制单元(ECU);K47-ABS 警告灯;K118-制动装置警告灯;M9、M10-左、右制动灯;N55-制动液压调节器;N99、N100、N101、N102-左右前轮进出油阀(电磁阀);N133、N134、N135、N136-左右后轮进出油阀(电磁阀);S2-熔断丝(10A);S12-熔断丝(10A);S18-熔断丝(10A);S123-电动泵熔断丝(30A);S124-电磁阀熔断丝(30A);TV14-诊断插口;V64-电动泵

199

桑塔纳2000型轿车ABS ECU端子排列及名称和用途　　　　表4-5-1

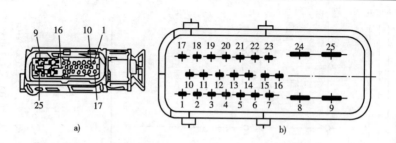

ABS ECU 插头各端子的排列顺序（25针脚）

端子号码	用 途
1	右后轮转速传感器（G44）
2	左后轮转速传感器（G46）
3	右前轮转速传感器（G45）
4	左前轮转速传感器（G47）
5	空 位
6	电控单元端子22
7	空 位
8	蓄电池（-）
9	蓄电池（+）
10	左后轮转速传感器（G46）
11	左前轮转速传感器（G47）
12	制动灯开关（F）
13	诊断导线（K线）
14	空 位
15	空 位
16	ABS故障警告灯（K47）
17	右后轮转速传感器（G44）
18	右前轮转速传感器（G45）
19	空 位
20	空 位
21	空 位
22	电控单元端子6
23	中央线路板接头G3
24	蓄电池（-）
25	蓄电池（+）

LS400ABS ECU 端子排列及名称和用途（不带 TRC） 表 4-5-2

针脚号	针脚符号	用途
A16-1	D/G	诊断
A16-2	RR −	右后车轮转速传感器
A16-3	RL −	左后车轮转速传感器
A16-4	TC	诊断
A16-5	GND	搭铁
A16-6	BAT	备用电源
A16-7	IG	电源
A16-8	SFL	左前轮 3/3 电磁阀
A16-9	RR +	右后车轮转速传感器
A16-10	R −	继电器接地
A16-11	RL +	左后车轮转速传感器
A16-12	FR −	右前车轮转速传感器
A16-13	FR +	右前车轮转速传感器
A16-14	FL −	左前车轮转速传感器
A16-15	FL +	左前车轮转速传感器
A16-16	GND	搭铁
A16-17	—	空位
A16-18	—	空位
A17-1	SFR	右前轮 3/3 电磁阀
A17-2	WA	ABS 报警灯
A17-3	STP	停车灯开关
A17-4	—	空位
A17-5	PKB	驻车制动开关
A17-6	SRR	左右后轮 3/3 电磁阀
A17-7	—	空位
A17-8	MT	油泵电机继电器监控器
A17-9	SR	3/3 电磁阀继电器
A17-10	MR	油泵电机继电器
A17-11	TS	检查用连接器
A17-12	AST	3/3 电磁阀继电器监控器

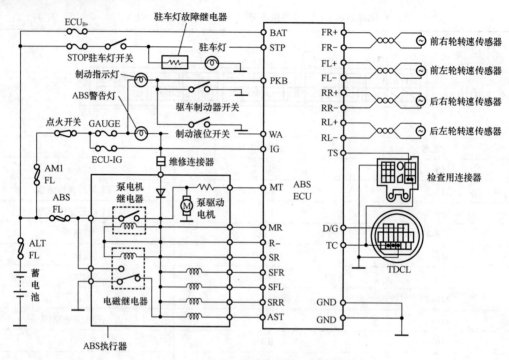

图 4-5-20　LS400 ABS 控制电路(不带 TRC)

三、桑塔纳 2000GSi 轿车 ABS 检修

1. 液压调节器的检修

1) 从车上拆下

图 4-5-21 为桑塔纳 2000GSi 轿车 ABS 液压调节器的分解图,其拆卸过程如下。

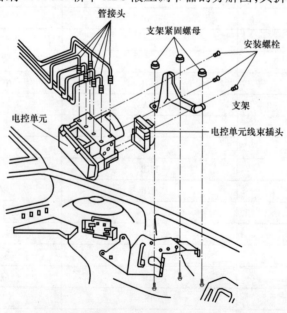

图 4-5-21　桑塔纳 2000GSi 轿车 ABS 液压调节器分解图

(1)关闭点火开关,拆下蓄电池电源线、蓄电池及其安装支架。
(2)从液压调节器上拔下 25 针插头,如图 4-5-22 所示。
(3)踩下制动踏板,并用踏板架定位,如图 4-5-23 所示。

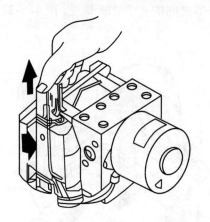 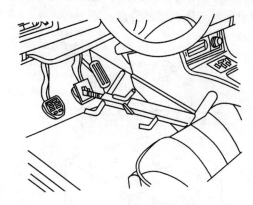

图 4-5-22　ABS 电控单元(J104)的线束插头　　　图 4-5-23　用踏板架固定制动踏板

(4)在液压调节器下垫一块抹布,用以吸干从开口处流出的制动液,如图 4-5-24 所示。
(5)拆下制动主缸到液压调节器的制动油管 A 和 B(图 4-5-25),并做上记号。用密封塞将开口处塞住。

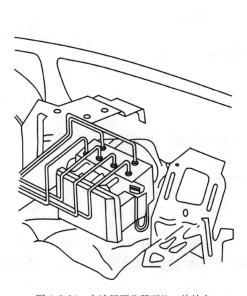 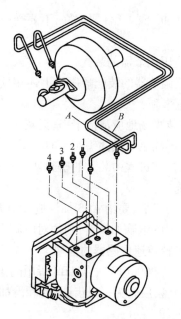

图 4-5-24　在液压调节器下垫一块抹布　　　图 4-5-25　拆下制动油管 A 和 B

(6)用铁丝将制动油管 A、B 捆扎在一起,并挂到高于储液罐的地方,以防制动液流出。
(7)拆下液压调节器通往各制动轮缸的油管,并做上记号,同时即刻用密封塞将开口处塞住,如图 4-5-26 所示。

注意:要防止制动液流入电控单元,以免电控单元被损坏。

(8)将液压调节器从支架上拆卸下来。

2)液压调节器总成分解

(1)压下接头侧的锁止扣,拔下电控单元至油泵间的电线插头。

(2)用专用套筒扳手拆下电控单元与液压调节器之间的4个连接螺栓(图4-5-27),将电控单元与液压调节器分离。

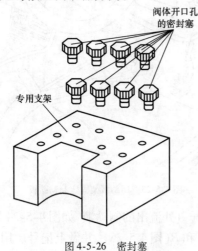

图4-5-26 密封塞

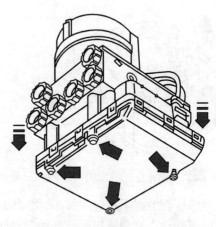

图4-5-27 ABS电控单元与液压调节器之间的4个连接螺栓

注意:拆下的元件要放好,不要受撞击,以免损坏。电磁阀上盖上干净的纸板,以防灰尘进入。

3)液压调节器的装配

液压调节器的装配顺序按上述相反顺序进行。

注意事项:

(1)装配场地应清洁干净,无灰尘和脏物。

(2)插油泵电线插头时,锁扣必须到位。

(3)拆卸过程中装上的密封塞,只有在安装制动油管时,才能拆下,以免灰尘或异物进入制动系统。

(4)装好后,要给ABS加注制动液并放气。

(5)ABS电脑如换新,则须对电脑重新编码。

2. 车轮转速传感器的检修

桑塔纳2000GSi轿车ABS所用的车轮转速传感器的转动部件,前后轮稍有差别。前轮为穿孔的盘,后轮为一只齿圈,孔和齿都有43个。前后轮转速传感器的安装位置如图4-5-28和图4-5-29所示。

1)前轮转速传感器

(1)拆卸:先拔下传感器导线插头(图4-5-30),再拧下内六角固定螺栓,拆下转速传感器。

注意:前轮转速传感器左右不能互换。

(2)安装:安装前轮转速传感器之前,先清洁安装孔内表面,并涂以润滑脂,然后装入传感器,拧紧固定螺栓,最后插上导线插头。

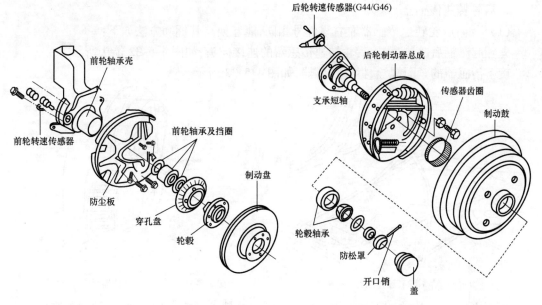

图4-5-28 桑塔纳2000GSi轿车ABS的前轮转速传感器安装位置

图4-5-29 桑塔纳2000GSi轿车ABS的后轮转速传感器安装位置

(3)穿孔盘与传感头间隙检查:标准间隙为1.10~1.97mm。

间隙不正常的原因主要是:固定螺栓松动;轮毂轴承松动或损坏。

其检查方法如下:顶起前轮,使其离开地面,用双手轴向推拉并转动车轮,感觉车轮是否摆动异常。穿孔盘的摆差应小于0.3mm,如图4-5-31所示。前轮毂轴承轴向间隙过大或损坏,则应进行调整或更换。穿孔盘的孔如被泥沙或脏物堵塞,应清除干净。

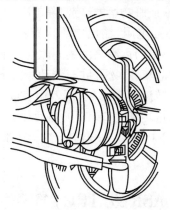

图4-5-30 前轮转速传感器的拆卸

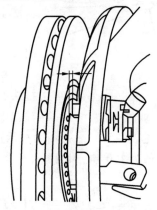

图4-5-31 穿孔盘的轴向摆动量

(4)前轮转速传感器电阻、输出电压检查:检查输出电压时,轮毂轴承间隙、传感头与穿孔盘之间间隙均应正常。

检查的方法是:顶起车轮,松开驻制动。拔下ABS线束插头,并以30r/min的转速转动车轮,用万用表或示波器测量输出电压:左前轮的测量端子为4和11,右前轮为3和18(端子情况参见表4-5-1)。万用表显示正常电压为70~310mV,示波器显示为3.4~14.8mV。

传感器电阻值为 1.0~1.3kΩ。

2) 后轮转速传感器

(1) 拆卸：后轮转速传感器左右零件号相同，能互换。其拆卸方法如下：

先翻起车辆后座垫，拔下后轮转速传感器的连接插头，如图 4-5-32 箭头所示。

旋下传感器的紧固螺栓，拆下传感器，如图 4-5-33 所示。

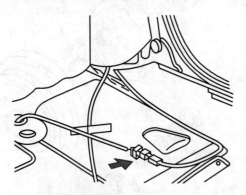

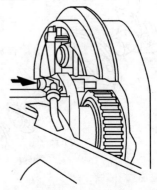

图 4-5-32　后轮转速传感器连接插头　　　图 4-5-33　后轮转速传感器紧固螺栓拆卸

按图 4-5-34 箭头所示方向取下后梁上的转速传感器导线保护罩，拉出导线和插头。

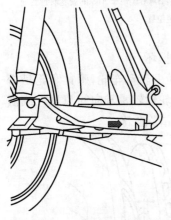

(2) 安装：后轮转速传感器的安装顺序与拆卸顺序相反，方法和前轮转速传感器相同。

(3) 齿圈与传感头间隙检查：标准间隙为 0.42~0.80mm。

间隙不正常的原因主要是：固定螺栓松动；轮毂轴承松动或损坏。

后轮毂轴承轴向间隙过大或损坏，则应进行调整或更换。齿圈上的轮齿如被泥沙或脏物堵塞，应清除干净。

(4) 后轮转速传感器电阻、输出电压检查：检查输出电压时，轮毂轴承间隙、传感头与齿圈之间的间隙均应正常。

检查的方法是：顶起车轮，松开驻车制动。拔下 ABS 线束插头，并以 30r/min 的转速转动车轮，用万用表或示波器测量输出电压：左后轮的测量端子为 2 和 10，右后轮为 1 和 17（端

图 4-5-34　后轮传感器导线保护罩的拆卸

子情况参见表 4-5-1）。万用表显示正常电压应大于 260mV，示波器显示应大于 12.2mV。传感器电阻值为 1.0~1.3kΩ。

课题6　牵引力控制系统(ASR 或 TRC)简介

一、驱动防滑的目的

当汽车在湿滑道路上行驶，尤其是在起步或加速时，驱动轮很容易滑转。这种情况对车辆来说易产生以下不良结果：

(1) 加剧车轮的磨损。

(2)消耗发动机动力,使油耗增加。

(3)影响汽车的行驶稳定性。尤其是对于后轮驱动的汽车,如果在转向时驱动轮发生滑转,汽车就极易产生侧滑现象。

装用TRC的目的是使驱动轮获得最大的驱动力,以及防止因驱动力过大(大于路面附着力)而造成驱动轮滑转,产生不良后果。

二、驱动防滑原理

由前述理论可知:当滑转率在10%~20%之间时,车轮与路面间的附着力最大。TRC就是根据前、后轮传感器测得的车速和轮速信号,经电控单元处理、计算后,控制驱动轮使其滑转率保持在10%~20%之间,以防止驱动轮滑转,获得最佳驱动效果。

三、驱动防滑控制方式

目前车辆上所用的驱动防滑装置的控制方式有以下3种:

(1)制动器控制——利用制动器对车轮进行制动,在车轮滑转时减小驱动力,从而防止滑转。

(2)发动机控制——在车轮出现滑转时减小节气门开度及点火提前角,降低发动机动力,从而防止驱动轮滑转。

(3)变速器控制——利用变速器换高速挡来降低发动机动力,以防止驱动轮滑转。

实际车辆的TRC往往采用上述几种方式共同来进行控制。

LS400轿车采用发动机和制动器并用的控制方法来进行防滑控制。其零部件在车辆上的安装位置如图4-6-1所示。

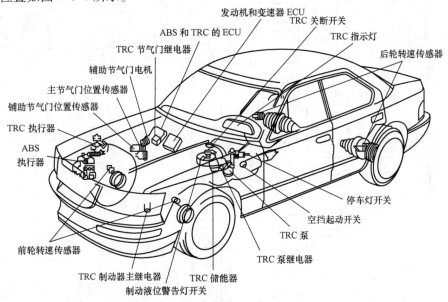

图4-6-1　LS400UCF10系列ABS系统各零部件在车辆上的位置(带TRC)

四、LS400驱动防滑系统简介

该系统的液压控制流程如图4-6-2所示。它是在制动主缸和后轮的ABS执行器(后轮

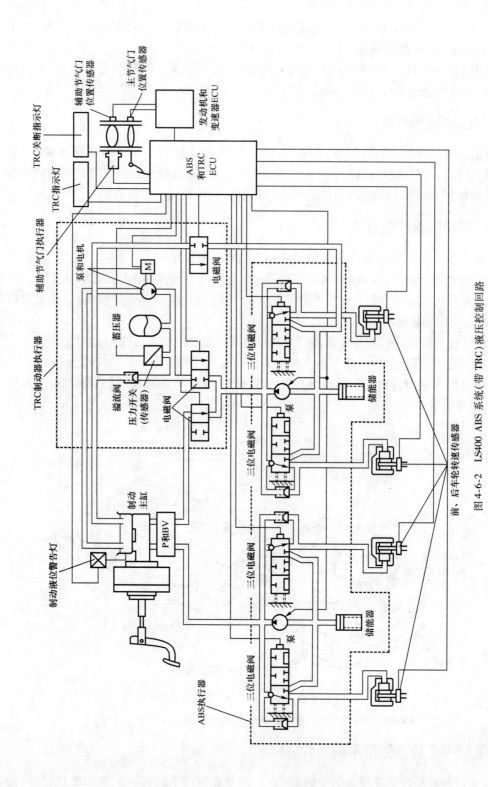

图 4-6-2 LS400 ABS 系统（带 TRC）液压控制回路

的液压调节器)之间设置一个 TRC 制动器执行器,当 TRC 工作时(此时 ABS 不工作),TRC 制动器执行器分别对左后及右后制动器进行加压、保压和减压控制;同时,由电控单元控制,减小在发动机主节气门上方的辅助节气门的开度,以降低发动机的输出转矩,减小驱动轮驱动力,防止驱动轮滑转。

(一)辅助节气门执行器

LS400 轿车带 TRC 的发动机节气门体上有两个节气门:主节气门和辅助节气门。如图 4-6-3 所示。主节气门由驾驶员通过加速踏板来控制;辅助节气门由受电控单元控制的步进电机驱动。在 TRC 不工作时,辅助节气门通过复位弹簧作用,处于全开状态,TRC 工作时,辅助节气门通过执行器被关小,使进入汽缸的空气量减少,喷油器的喷油量随之减少,从而使驱动轮的驱动力下降,以防止其滑转。

(二)TRC 制动器执行器

在 ABS 系统中,后制动系统是由制动轮缸、比例旁通阀 P 和 BV、液压调节器等构成(图 4-6-3)。带有 TRC 时,比例旁通阀和液压调节器等之间设置了常开电磁阀(M/C)。在 TRC 不工作时,M/C 处于常开状态。从制动主缸来的制动液经比例旁通阀、M/C 阀、液压调节器等至制动轮缸,并可通过 ABS 回油泵回到制动主缸。当 TRC 工作时,M/C 通电,切断了制动主缸和制动轮缸之间的液压回路。蓄压器关断电磁阀(ACC)通电开启,蓄压器内的液压油进入制动轮缸,驱动轮受到制动作用,以防打滑。蓄压器内的油压由 TRC 液压泵提供,蓄压器内的油压由压力传感器监视,工作油压过低时,液压泵工作,对蓄压器内的制动液加压。

达到规定压力时,ABS 中的液压调节器等通 2A 电流,进入保压状态。压力过高时,ABS 中的液压调节器等通 5A 电流,进入减压状态,此时制动工作缸内的制动液经回油电磁阀 RSV 流回制动主缸(ABS 回油泵不工作),使制动轮缸内的压力下降。

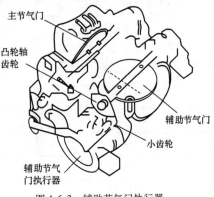

图 4-6-3 辅助节气门执行器

(三)LS400 TRC 控制电路及连接器端子图和各端子名称

LS400 TRC 控制电路及连接器端子图和端子名称如图 4-6-4、表 4-6-1 所示。

LS400TRC 的 ECU 连接器端子排列图及各端子名称和用途 表 4-6-1

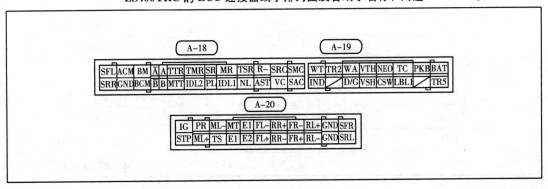

续上表

针 脚 号	针 脚 符 号	用　　途
A18-1	SMC	M/C 关断线圈
A18-2	SRC	储油箱关断线圈
A18-3	R -	继电器搭线
A18-4	TSR	TRC 线圈继电器
A18-5	MR	ABS 电机继电器
A18-6	SR	ABS 电磁阀继电器
A18-7	TMR	TRC 电机继电器
A18-8	TTR	TRC 节气门继电器
A18-9	A	步进电机
A18-10	A	步进电机
A18-11	BM	步进电机
A18-12	ACM	步进电机
A18-13	SFL	左前 3/3 电磁阀线圈
A18-14	SAC	ACC 关断线圈
A18-15	VC	ACC 压力开关(压力传感器)
A18-16	AST	ABS 电磁阀继电器监控器
A18-17	NL	空挡开关
A18-18	IDL1	主节气门怠速开关
A18-19	PL	空挡开关
A18-20	IDL2	辅助节气门怠速开关
A18-21	MTT	TRC 压力泵电机继电器监控器
A18-22	B	步进电机
A18-23	B	步进电机
A18-24	BCM	步进电机
A18-25	GND	搭铁
A18-26	SRR	右后 3/3 电磁阀线圈
A19-1	BAT	备用电源
A19-2	PKB	驻车制动器开关
A19-3	TC	诊断
A19-4	NEO	NC 信号
A19-5	VTH	主节气门位置传感器
A19-6	WA	ABS 故障报警灯

续上表

针脚号	针脚符号	用途
A19-7	TR2	发动机通信
A19-8	WT	TRC OFF 指示器
A19-9	TR5	发动机检查报警灯
A19-10	—	空位
A19-11	LBL1	制动液位报警灯
A19-12	CSW	TRC 关断开关
A19-13	VCI	辅助节气门位置传感器
A19-14	D/G	诊断
A19-15	—	空位
A19-16	IND	TRC 指示灯
A20-1	SFR	右前 3/3 电磁阀线圈
A20-2	GND	搭铁
A20-3	RL +	左后车轮转速传感器
A20-4	FR −	右前车轮转速传感器
A20-5	RR +	右后车轮转速传感器
A20-6	FL −	左前车轮转速传感器
A20-7	E1	搭铁
A20-8	MT	ABS 电机继电器
A20-9	ML −	TRC 电机闭锁传感器
A20-10	PR	ACC 压力开关（传感器）
A20-11	IG	电源
A20-12	SRL	左后 3/3 电磁阀线圈
A20-13	GND	搭铁
A20-14	RL −	左后车轮转速传感器
A20-15	FR +	右前车轮转速传感器
A20-16	RR −	右后车轮转速传感器
A20-17	FL +	左前车轮转速传感器
A20-18	E2	搭铁
A20-19	E1	搭铁
A20-20	TS	传感器检查用
A20-21	ML +	TRC 电机闭锁传感器
A20-22	STP	停车灯开关

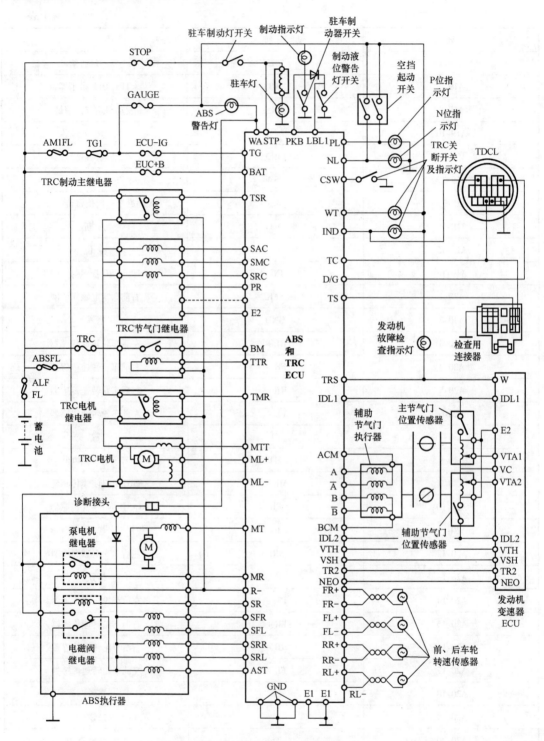

图 4-6-4　LS400 TRC 控制电路

单元五
汽车底盘维护

 学习目标

完成本单元学习后,你应能:
1. 熟知汽车底盘维护的作业内容;
2. 独立完成汽车底盘的各项维护作业。

建议课时:6 课时

要保持车辆良好的技术状态,必须对车辆进行定时定项目的技术维护,使汽车保持良好的技术状况,减少汽车故障,保证行车安全,延长车辆使用寿命,有效地控制汽车排放污染物。汽车维护、检测、诊断技术规范标准规定:汽车的维护可分为日常维护、一级维护和二级维护。

日常维护以清洁、补给和安全检视为作业中心内容,由驾驶员在每天出车前、行车中、收车后进行。即对汽车外观、发动机外表进行清洁,保持车容整洁;对汽车各部润滑油(脂)、燃油、冷却液、制动液、各种工作介质、轮胎气压进行检视,以便及时补给;对汽车制动、转向、传动、悬架、灯光、信号等安全部位和位置以及发动机运转状态进行检视、校紧,确保行程安全。

一级维护除日常维护作业外,以清洁、润滑、紧固为作业中心内容。并检查有关制动、操纵等安全部件。一级维护由维修企业负责执行。

二级维护除一级维护作业外,以检查、调整转向节、转向摇臂、制动摩擦片、悬架等经过一定时间的使用容易磨损或变形的安全部件为主,并拆检轮胎,进行轮胎换位,检查调整发动机工作状况和排气污染控制装置等。二级维护由维修企业负责执行。

汽车一、二级维护行驶里程依据车辆使用说明书的有关规定,同时依据汽车使用条件的不同,由省级交通行政主管部门规定。目前轿车通常是在车辆行驶 7500 千米或启用 6 个月后进行首次维护;车辆每行驶 15000 千米或 12 个月进行一次常规维护;每次常规维护后行驶 7500 千米或 6 个月进行一次润滑维护。不同维护的作业内容因车而异,可参见各车型的使用说明书。一汽奥迪 100 的维护作业如下:

一、7500km 维护作业

(1)检查制动器,目测密封性及损坏情况,检查制动液液面高度和制动摩擦片厚度。

(2) 检查目测变速箱、驱动轴、万向节防尘罩的密封性和损坏情况。

二、15000km 维护作业

(1) 重复所有 7500km 维护作业。
(2) 检查横拉杆头的配合间隙、固定程度和防尘罩密封性。
(3) 检查轮胎花纹深度、气压，轮胎固定螺栓力矩，必要时拧紧。
(4) 检查驻车、行车制动操纵及变速操纵、转向操纵。
(5) 检查前轮前束、外倾角。
(6) 检查转向波纹管有无渗漏与损坏。

三、30000km（2 年）维护作业

(1) 重复所有 15000km 维护作业。
(2) 更换制动液（2 年必须更换一次）。
(3) 检查车底板保护层有无损坏现象。

四、60000km 维护作业

(1) 重复所有 60000km 维护作业。
(2) 清洗油底壳。

参 考 文 献

[1] 邹长庚,顾金亭,马伯夷.现代汽车电子控制系统构造原理与故障诊断[M].北京:北京理工大学出版社,1997.

[2] 刘雅琴.上海桑塔纳轿车结构图册[M].上海:上海科学技术出版社,1997.

[3] 陈因达.上海桑塔纳2000GSI轿车结构图册[M].北京:人民交通出版社,2000.

[4] 赵新民.汽车构造[M].北京:人民交通出版社,1999.

[5] 张第宁.汽车维修[M].北京:人民交通出版社,1999.

[6] 刘希恭.凌志LS400轿车维修手册[M].沈阳:辽宁科学技术出版社,2000.

[7] 肖永清,杨忠敏.东风系列载货汽车使用维修525问[M].北京:人民邮电出版社,2001.

[8] 林晨.桑塔纳2000GSi—AT/GSI/GLI/GLS轿车维修手册[M].北京:机械工业出版社,2002.

[9] 田下.桑塔纳2000俊杰轿车使用与维修手册[M].北京:机械工业出版社,2002.

[10] 余志生.汽车理论[M].北京:机械工业出版社,2000.